RECLAM-BIBLIOTHEK

Schalom Rabinowitsch (1859–1916) wurde unter dem Pseudonym Scholem Alejchem (»Friede sei mit Euch!«) zum Klassiker der jiddischen Literatur. Er ist nicht nur der Schöpfer Tewjes, des Milchmanns, sondern er hat unzählige wundersam fröhlich-traurige Geschichten geschrieben. Würden darin nicht kleine und große Wunder geschehen, wären es allesamt Tragödien.

Und im Hoffen sind die »Jiddelech« des Scholem Alejchem Meister: sei es die Hoffnung auf einen Losgewinn von 75 000 Rubeln (ein Vermögen!), oder wenigstens auf ein kleines Geschäft wie den Verkauf der letzten drei Kalender vor dem neuen Jahr, oder – noch bescheidener – auf ein Rührei! Sie trotzen allen Schwierigkeiten und träumen ihre Träume vom großen Glück. Sie haben viel erlebt und haben uns viel zu erzählen. Hören wir zu.

Scholem Alejchem

75 000
und andere Geschichten um Gott, Geld und Glück

Übersetzt und herausgegeben von Dan Wiener

RECLAM VERLAG LEIPZIG

Aus dem Jiddischen
Mit 9 Szenenfotos

Herausgegeben mit Unterstützung des Sächsischen
Staatsministeriums für Wissenschaft und Kunst

ISBN 3-379-01589-X

Die Übersetzung folgt der Ausgabe:
Ale Werk fun Scholem Alejchem, »Farwerts« Ojsgabe,
New York 1944 (7 Bde.)

Reclam-Bibliothek Band 1589
1. Auflage, 1997
Reihengestaltung: Hans Peter Willberg
Umschlaggestaltung: Oberberg + Puder, Leipzig,
unter Verwendung einer Fotografie von Vesna Suljic Karaus
Gesetzt aus Meridien
Satz: Satz Repro Grafik GmbH, Leipzig
Druck und Bindung: Ebner Ulm
Printed in Germany

Inhalt

Liebe Leserin, lieber Leser!

Es gibt schon viele Bücher mit deutschen Übersetzungen der Geschichten von Scholem Alejchem, und so kann ich es mir ersparen, ihn näher vorzustellen oder viele Worte über seine Bedeutung zu verlieren. Allerdings gibt es immer noch Geschichten, die auf deutsch bisher nicht bekannt sind. Hier sollen einige davon vorgestellt werden, und der Autor soll gleich selbst durch seine Figuren zu Wort kommen.

Allen voran durch Jankev-Jossl. Er lebt mehr schlecht als recht in einem kleinen Stedtl im Südwesten Rußlands. Er macht unglückliche Geschäfte, muß schon seine eigene Stube vermieten; er und seine Frau Zipojre können nur von besseren Zeiten träumen.

Angefangen hat alles mit den Fünfundsiebzigtausend. Da steht Jankev-Jossl und kann es kaum fassen, daß ihm, dem Unglücksraben, 75 000 Rubel beschert sein sollen – so steht es in der Zeitung schwarz auf weiß. Da ist seine Frau Zipojre, die ihren Mann gerne auf den Boden der Realität zurückholen möchte, wenn ihr nur nicht selbst so schwindlig wäre ob des so plötzlich und so heftig hereingebrochenen Glücks. Auch Birnbojm, ein ganz anständiger Makler, will seinen ganz anständigen Anteil am Gewinn. Und Jankev-Jossls Bruder Hejnech: Er ist zwar ein bekanntes Schlitzohr, aber er ist doch ein Bruder, und ob er das Los von der Tonsur, vom Mönch, gekauft, ausgeliehen oder vielleicht gar gestohlen hat, darf dann keine Rolle spielen. Jankev-Jossl, immer von allen in seiner unbedeutenden Armut allein gelassen, wird plötzlich zum Zentrum der Aufmerksamkeit, die Fünf-

undsiebzigtausend locken allerlei »Freunde« und entfernte Verwandte an …

Wem darf man trauen und wem nicht? Das erfährt auch der Mann, der in der tiefsten Provinz, genauer: in Chabne, vom Schabbes sozusagen überrascht wird. An Schabbes darf man nicht nur nicht arbeiten, man soll auch kein Geld auf sich tragen. Doch wem – ganz auf sich gestellt in einem kleinen Dorf weitab jeglicher Zivilisation – die große Summe anvertrauen? Schon nur herauszufinden, wer der ehrenhafteste Mann in Chabne ist – ohne jemanden zu beleidigen –, ein heikles Unterfangen!

Oder da ist der Zeitungsverkäufer, der sich Vorwürfe macht, daß er vielleicht schuld daran ist, daß General Tolmatschow (der Stadthauptmann von Odessa) so ein Antisemit geworden ist und die Juden plagt, wo er nur kann. Doch was soll man tun, man muß Frau und Kinder ernähren, und wenn schon die Kalender kein Glück bringen, dann versucht man es eben mit »interessanten Ansichtskarten« aus Paris …

Hat Sie schon jemand gegen den Tod exekutiert? Nein? Assekuriert für den Todesfall auch nicht? Dann setzen Sie sich schnell in den Zug von Chabne nach Babne oder von Molokea nach Kolomea, und machen Sie die armen Agenten glücklich, die doch auch ihre Familien ernähren müssen. Und wenn Ihnen da im Zug jemand erzählt, daß Reb Finkelstein sich Wechsel erschlichen habe, und daß seine ledige Tochter nachts mit dem Prokuror gesehen worden sei – genau weiß ich das jetzt auch nicht mehr, das müssen Sie in der Geschichte nachlesen –, dann müssen Sie wissen, daß das ganz gewiß eine Lüge ist.

Der Ort des Geschehens ist fast immer der russische Südwesten zu Anfang des Jahrhunderts. Hie und da ist die Rede von der Angst vor den zaristischen Behörden, den antijüdischen Gesetzen des letzten Zaren, Nikolaus II., den Pogromen und von der allgemeinen Armut in der russischen Provinz. Doch dies bildet nur die Kulisse des Geschehens.

Im Zentrum stehen die Menschen und ihre Geschichten. Und auch wenn das Los, das Schicksal meist ein schweres ist, geht die Leichtigkeit und Großzügigkeit der Erzählweise nie verloren. Scholem Alejchem war keiner der Literaten, die mit peinlichem Stolz jedes einzelne ihrer Werke hüten und mit Argusaugen über die Reaktion der Leser und der Konkurrenz wachen. In seinem Werk ist keine Eitelkeit zu spüren (auch wenn er häufig als Zuhörer mitspielt). Die Geschichten sind keine Anekdoten. Die Menschen, die Scholem Alejchem auf die Bühne bringt, haben viel erlebt. Sie haben ein großes Bedürfnis zu erzählen, gefragt oder ungefragt.

Die Unmittelbarkeit, fast Theatralität in der Erzählform, die Plastizität der Figuren luden zur Dramatisierung – vorerst nur von »75 000« – geradezu ein und führten zur Schweizer Inszenierung (von der dieses Buch einige Fotos zeigt).

Scholem Alejchem muß ein Mensch mit sehr wachen Augen und Sinnen gewesen sein, denn die Atmosphäre, die er vermittelt, die Menschen, die er mit all ihren Schwächen und Stärken – vor allem aber mit ihren Schwächen – mit scharfer Feder, aber liebevoll beschreibt, scheint er sehr gut gekannt zu haben. Anders kann es gar nicht sein: Die Geschichten sind wahr!

Dan Wiener

75 000

*Ein Päckel Zores**

Geschrieben im Jahr 1902

Ihr sagt ›Zores‹? Alles heißt bei Euch ›Zores‹! Ich denke, seit Gott die Welt erschaffen hat und seit es Juden gibt, hat man noch von so einem Päckel Zores nicht gehört und es nie gesehen, nicht einmal im Traum! Wenn Ihr Zeit habt, rückt näher, seid so gut, hört mir zu mit dem Kopf, ich will Euch erzählen von A bis Z, in allen Einzelheiten und mit den kleinsten Details, die Geschichte von den Fünfundsiebzigtausend.

Ich fühle, wie es mir eng ist, hier und hier, es drückt mich, es brennt in mir wie ein Feuer, ich muß, ich muß das aus mir herausgeben. Ihr versteht doch, oder nein? Nur etwas will ich Euch bitten: falls ich stocken sollte, oder Ausflüchte suchen sollte, sollt Ihr mich daran erinnern, wo ich stehengeblieben war, von welcher Chassene**, ich meine die Fünfundsiebzigtausend, ich angefangen habe zu erzählen, mag so etwas Euch nicht geschehen, es dröhnt in meinem Kopf, das geschieht mir schon öfters in letzter Zeit, so daß ich vergesse, wo ich stehengeblieben war ... Ihr versteht doch, oder nein? Sagt mir nur, hättet Ihr nicht vielleicht Fünfundsiebzigtausend, äh tfu, ich meine, eine Zigarette für mich? Kurz und gut, wo war ich stehengeblieben? Das heißt, bei den Fünfundsiebzigtausend ... Am heurigen ersten Mai hab ich, so wie ich vor Euch stehe, die Fünfund-

* ein beliebtes Wort, das am ehesten mit Sorgen übersetzt werden kann

** Hochzeit; oft auch im übertragenen Sinne gebraucht

siebzigtausend gewonnen. Ihr denkt schnell: was gibt es da noch weiter zuzuhören? Gibt es denn wenig Menschen, die Geld gewinnen? Da hat doch einer, ein Nikolajewer, sagt man, die 200 000 geholt. Oder da gab es doch den jungen Odesser, Buchhalter in einem Kontor, der 40 000 Rubelchen gewonnen hat – und scha, still, fein, schön, kein Aufhebens …

Um die Wahrheit zu sagen, auf die großen Gewinne schaut doch die ganze Welt, hundertsechsunddreißig Millionen Menschen sind neidisch. Ihr versteht doch, oder nein?

Nur die Geschichte ist, ein Gewinn ist nicht einfach gleich wie ein anderer Gewinn. Diese Geschichte von einem Gewinn ist eine seltsame Geschichte, eine verzwickte Geschichte, eine Geschichte von einer Geschichte, eine Geschichte in einer Geschichte und eine Geschichte über eine Geschichte. Man muß, hört gut zu, bereit sein, man muß bis zu Ende hören, um zu verstehen, was sich da zugetragen hat …

Doch zuallererst muß ich mich Euch vorstellen, wer ich bin. Ich will mich vor Euch nicht rühmen, ein großer Gelehrter zu sein, oder ein Reicher, oder ein großer Philosoph. Ich bin, so wie ich hier vor Euch stehe, ein ganz gewöhnlicher Jude, ein Jude mit einer eigenen Stub, mit einem Namen und auch ein bißchen Würde in meinem Stedtl. Ihr versteht doch, oder nein?

Ehrlich, ich hatte einmal sogar Geld, sogar einen Sack Geld – was heißt da ein Sack? Brodsky* hat sicher einen Sack mehr. Ich habe gehabt, also, etliche tausend Rubelchen; Gott hat mich, wie man sagt, in Versuchung gebracht, es hat mich gelüstet, versteht Ihr mich, mit einem Mal reich zu werden. Ich hab in den hungrigen Gouvernien mit Brot Handel getrieben und bin ohne einen Vierer geblieben. Ein bißchen Glück willst du

* vor der Revolution sehr reicher Zuckerfabrikant in Kiew

doch, nichts mehr und nichts weniger. Denkt Ihr, daß ich, als ich das Geld losgeworden bin, daß ich, Gott behüte, den Kopf hängen ließ? Da kennt Ihr mich schlecht! Ich bin, versteht Ihr, so einer, wo Geld bei mir so eine Rolle spielt, wie, ... was soll ich Euch sagen? Wie diese Asche von dieser Papiross. Ganz und gar und überhaupt kein bißchen nichts.
Sicher, wie soll ich sagen, Geld ist eine gute Sache, nur sich darum zu schlagen, oder gar sein Leben dafür preiszugeben, das nicht. Schlecht ist nur, wenn man nicht das hat, was man zum Leben braucht, wenn man keine passende Stellung hat, wenn man nicht so viel spenden kann, wie man spenden möchte, versprechen, für einen guten Zweck.
Ihr könnt mir glauben, wenn ich sehe, wie man zu einem Hausherrn geht und ihn nach einem Dreierl zum Wohle der Stadt fragt, und um mich machen sie einen Bogen, dann bin ich am Ende. Ihr versteht doch, oder nein? Ich will eher Schimpf und Schande von meinem Weib, wenn ich am Schabbes kein Geld habe, als einem armen Mann ein Almosen zu verweigern, wenn in meinem Beutel noch ein Vierziger klingt. Ihr versteht mich, oder nein? So ein Meschuggener bin ich! Hätte nicht jemand vielleicht einen Vierziger, äh tfu! Ich meine, ein Streichholz zum Rauchen?
Kurz und gut, wo war ich wieder stehengeblieben? Ich bin also die vielen Geldstücke losgeworden und bin geblieben, würde man sagen, ohne einen Vierziger. Als ich also all die vielen Geldstücke losgeworden und ohne einen Vierziger geblieben bin, sag ich eines schönen frühen Morgens zu meinem Weib: »Hörst du, Zipojre, was ich dir sagen will: Wir sind rein.«
Macht sie zu mir: »Was heißt, wir sind rein?«
Sag ich: »Wir haben schon nicht einmal einen Vierziger mehr.«

Weil sie eben eine Frau ist, beginnt sie natürlich zu lärmen:
»Weh mir, wüst ist mir, finster ist mir, der Schlag trifft mich, Jankev-Jossl, was redest du da, wo ist dein Geld?«
»Scha, still, ruhig«, sag ich, »was lärmst du so? Wo steht geschrieben, daß das mein Geld ist? Gott hat es gegeben und Gott hat es genommen.«
Oder wie Ihr sagt: »Mikita hatte nie einen Groschen und wird auch nie einen haben.«
»Wo steht das geschrieben«, sag ich, »daß Jankev-Jossl in vier Zimmern sitzen soll, sich zwei Bedienstete halten soll, und im schabbestiken Kaftan* ausgehen soll? Es gibt doch«, sag ich, »Juden, die vor Hunger vergehen, na und, sterben sie deswegen? Wenn man immer wählen sollte«, sag ich, »soll man jetzt diesen oder jenen Weg gehen, hätte die Welt bald keinen Bestand mehr.«
So und noch weitere solche Worte und Argumente habe ich ihr vorgebracht, und sie, mein Weib, hat verstanden, daß ich recht habe. Ihr versteht, oder nein?
Das sollt Ihr wissen, daß ich ein besonderes Weib habe – mit der brauche ich mich überhaupt nicht zu schämen – sie versteht alles. Man muß nicht lange argumentieren. Sie hat bald aufgehört, zu toben und zu lärmen, und hat mich im Gegenteil das Herz ausleeren lassen, und getröstet, das sei eben eine bescherte Sache, Gott ist der Vater, er wird uns schon führen … Und so haben wir nicht lange überlegt, haben in unsere Stub einen Untermieter genommen, wir selbst wohnen in einer anderen Stub mit einer Küche, die Bediensteten haben wir, Ihr entschuldigt, abgeschafft, mein Weib, lang soll sie leben, hat die Ärmel hochgekrempelt und sich selbst an den Ofen gestellt, und ich habe mich selbst beim

* Feiertagsgewand

Thoralesen als Fünften* aufgerufen: »Als Fünfter kommt Jankev-Jossl zum Spenden!« Ich habe mich also selbst vor allen als armen Mann gebrandmarkt. Was heißt da armer Mann, es gibt, das könnt Ihr Euch vorstellen, noch viel ärmere Leute als mich. Trotzdem, Ihr könnt sagen, was Ihr wollt, ich habe ein kleines Erbe, eine eigene Stub, aus der wir unser Auskommen beziehen. Der Nachteil ist nur, daß ein Monat vier Wochen hat. In einem Monat sollten nur zwei Wochen sein, dann käme man mit den Ausgaben genau hin. Aber so bleiben noch zwei Wochen bis zum nächsten Monat, das ist nicht gut, das werdet Ihr verstehen. Da kann man nichts machen, wie sagt Ihr doch: An Zores gewöhnt man sich. Es gibt nichts Besseres und nichts Ruhigeres, sag ich Euch, als ein armer Mann zu sein. Du hast keine Pflichten nicht, versteht Ihr mich, kein Kopfdrehen nicht, keine Zahlungen nicht, kein Ausleihen nicht, kein Verfall nicht und kein Abhetzen nicht, alles Muße. Nur, es gibt einen Gott auf der Welt, und der sagt: »Was taugt es dir, Jankev-Jossl, ruhig zu leben ohne Zores? Hast du ein Los? Nimm da Fünfundsiebzigtausend und ärgere dich schwarz!« Ihr versteht doch, oder nein? ... Hättet Ihr nicht vielleicht ein Los, äh tfu! Ich meine eine Papiross?

Kurz und gut, wo war ich stehengeblieben? Beim Los, genau. Ein Los? Da hat also ein Jude ein Los und holt sich einfach so die Fünfundsiebzigtausend? Ein Momentchen. Erstens: Wozu hat ein Jude ein Los? Um es zu versetzen und dafür Geld zu bekommen. Geh also, du Narr, Jankev-Jossl, bring das Los zu einer Bank und

* In der Synagoge werden beim Thoralesen die Gemeindemitglieder zum Spenden aufgerufen: als erste die Cohen, als zweite die Lewi. An dritter Stelle aufgerufen zu werden gilt als besondere Ehre. Der Fünfte zu sein ist schon nicht mehr sehr ehrenhaft ...

hol dein Geld! Doch dazu muß ich Euch erklären: Erstens hat es bei uns im Stedtl keine Bank, und zweitens, wozu brauche ich eine Bank? Die Bank kann jederzeit Bankrott erklären, wenn sie will. Die Welt ist nicht gesetzlos, und man reißt es mir nicht aus den Händen, wer braucht schon mein Los. Ihr versteht doch, oder nein? So hab ich also die ganze Geschichte überdacht, und habe mir selbst die Antwort gegeben: Ich hab einen Nachbarn, ein junger Mann, ein Pfandleiher, ein sehr feiner junger Mann, ein junger Mann, der sehr fromm ist, ein leutseliger junger Mann, warum soll ich nicht das Los bei ihm hinterlegen? Laß ihn mir nur dafür Zweihundert geben, ich will sie sicher nehmen. Warum sollt ich sie nicht nehmen?
Ich bin also zu meinem Nachbarn hingegangen, Birnbojm heißt er, und sag ihm: »Panje* Birnbojm, würdet Ihr mir vielleicht zweihundert Rubel auf mein Los geben?«
Macht er: »Ich will Euch zweihundert Rubel auf Euer Los geben.«
Sag ich: »Wieviel Prozent wollt Ihr mir berechnen?«
Sagt er: »Wieviel Prozent soll ich Euch berechnen?«
Sag ich: »Was weiß ich, wieviel Prozent Ihr mir berechnen sollt? Berechnet mir so viel Prozent wie bei einer Bank.«
Macht er: »Dann berechne ich Euch so viel Prozent wie eine Bank.«
Kurz, wir haben uns über die Prozente geeinigt, ich hab ihm das Los für fünf Monate bei einem Zins von fünf Prozent abgetreten und die zweihundert Rubel genommen. Ihr versteht doch, oder nein?
Gehst du vielleicht, du Narr Jankev-Jossl, und nimmst von ihm einen Zettel, daß du bei ihm so und so ein Los von so und so einer Serie mit so und so einer Nummer

* höfliche Anrede: Mein lieber Herr

hinterlegt hast? Nein. Da geht er, ich meine Birnbojm, und nimmt seinerseits von mir einen Zettel, daß ich bei ihm für fünf Monate zweihundert Rubel auf so und so ein Los, mit so und so einer Nummer, von so und so einer Serie hinterlegt habe; und wenn ich ihm die zweihundert Rubel nicht rechtzeitig zurückzahle, ist dieses Los mit so und so einer Nummer und von so und so einer Serie sein Los, und ich habe da keinen Anspruch mehr ... Ihr versteht doch, oder nein? Was hab ich mir bei dieser Geschichte gedacht? Bei dieser Geschichte hab ich gedacht: Was soll ich da Angst haben? Eins von beidem: Entweder es wird die Zeit kommen, und ich werde das Los wieder loskaufen, das ist sicher gut. Oder nein, und ich will ihm die Prozente bezahlen, was ihm zusteht, und er wird warten. Warum soll er nicht warten? Was macht es ihm aus, das ist sein Geschäft! Ihr versteht doch, oder nein?
So war es. Die Zeit ist gekommen, und ich habe natürlich das Los nicht losgekauft. Fünf Monate sind vorübergegangen und noch einmal fünf, und so sind unmerklich zwei Jahre mit fünf Monaten vergangen. Die Prozente habe ich gewöhnlich bezahlt, das heißt, einmal habe ich sie bezahlt und einmal nicht. Was hab ich zu fürchten? Wird er mein Los verkaufen? Er wird mein Los nicht verkaufen! Warum soll er mein Los verkaufen? Das hab ich mir bei dieser Geschichte überlegt, oder vielleicht hab ich mir bei dieser Geschichte gar nichts überlegt ... Und derweil war keine gute Zeit, keine Geschäfte nicht, alle Wochen in einem Monat sind zu viel, man plagt sich, was soll man tun?
Die Hauptsache sind, wie Ihr sagt, die Lebensjahre, an Sorgen fehlt es einem nie.
Bis zum heurigen Vor-Pessach* ...

* Festtage zur Osterzeit, an denen des Auszugs aus Ägypten gedacht wird

Am heurigen Vor-Pessach hat mir Gott ein Geschäftchen geschickt: Ich habe mit einigen Wagen Hirse gehandelt, die Hirse ist im Wert gestiegen, da hab ich die Hirse verkauft und einen schönen Verdienst gemacht mit der Hirse, Gott sei's gedankt, viele schöne Rubelchen, und ich hatte ein Pessach-Fest, das könnt Ihr mir glauben, wie Brodsky – Brodsky ist gar nichts gegen mich! Eine Kleinigkeit: Ein Mensch ist keine Kopeke schuldig, und hat noch ein paar hundert eigene Rubelchen darüber hinaus, wer kann sich da mit mir messen, Ihr versteht doch, oder nein? Hättest du doch, du Narr, Jankev-Jossl, dem Birnbojm die zweihundert bringen und das Los auslösen können! Nein, ich sagte mir: Ich kann mir doch Zeit lassen. Birnbojm wird schon nicht mit dem Los davonlaufen. Ich kann das Los auch noch nach Pessach auslösen, oder nein: Ich werde die Prozente bezahlen, soviel es dann sein werden, und eine Quittung für das Los verlangen. Das habe ich mir also bei dieser Geschichte überlegt, und vielleicht habe ich mir gar nichts überlegt. Ihr versteht doch, oder nein?
Und ich bin gegangen und habe für das Geld Säcke gekauft und habe die Säcke in einem Schuppen gelagert; da hat Gott ein Wunder getan, man hat das Schloß an der Scheune abgeschlagen – es war nach dem heurigen Pessach, genau am dreißigsten April, in der Nacht zum ersten Mai, wo das Los gespielt wird, und man hat die Säcke geklaut. Und ich bin wieder geblieben, ohne einen Vierziger.
»Zipojre«, sag ich zu meinem Weib, »weißt du, was ich dir für Neuigkeiten erzählen wollte? Wir sind schon wieder rein.«
»Was heißt«, sagt sie, »wir sind rein?«
»Wir haben«, sag ich, »schon nicht einmal einen Sack mehr.«
»Was heißt das«, sagt sie, »wo sind denn die Säcke hingekommen?«

»Man hat sie«, sag ich, »heute nacht aus der Scheune getragen.«
Fängt sie natürlich an zu lärmen und zu toben, wie es die Frauen so tun.
Ich rufe zu ihr:
»Scha, still, Zipojre, schrei nicht so, bist du nicht bei Trost! Bei Gott«, sag ich, »denk doch, wenn die Stub uns verbrennt wär, und wir wären ganz nackt ohne Kleider, wie die Mamme uns geboren hat, wäre das besser?«
»Das ist mir ein schöner Trost«, sagt sie, »sollte man uns dazu noch die Säcke stehlen?«
»Was hat das damit zu tun«, sag ich. »Du wirst noch an meine Worte denken«, sag ich. »Die Säcke werden sich schon wieder finden.«
»Von wegen«, sagt sie, »werden sie sich finden. Die Ganoven werden dir die gestohlenen Säcke sicher vor die Füße werfen, nur weil du Jankev-Jossl heißt? … Meinst du, die haben wirklich nichts anderes zu tun?«
»Du bist ein Dummkopf!« sag ich. »Was Gott tun kann, das kann kein Mensch erraten.«
So war es auch. Die Säcke waren natürlich verschwunden, wie im Wasser versunken. Wer bringt mir die Säcke zurück? Was für Säcke? Ich bin nur herumgeflogen, wie ein Meschuggener, hatte mit der Polizei zu tun, in allen Winkeln habe ich gesucht, in allen Mauslöchern gewühlt. Nur wer? Was?
Geh, such den Schnee vom vorigen Jahr, den gestrigen Tag! Ihr versteht doch, oder nein?
Der Kopf ist in der Erde, das Herz ist leer, im Mund ist es trocken, in der Seele ist es wüst und finster …
Da steh ich also auf dem Markt bei uns auf der Börse, bei der Apotheke, heißt das, und es fliegt mir plötzlich durch den Kopf, es war noch am Morgen, das war so etwa um zwölf herum: Halt, heute ist doch Gerichtstag, erster Mai, der Tag, an dem mein Los gespielt wird, eine Frage auf Gott? Wir haben einen großen Gott,

einen starken! Er kann doch, wenn er nur will, mich mit meiner ganzen Mischpoche* beglücken ... Doch da erinnere ich mich wieder an die gestohlenen Säcke und vergesse, daß es erster Mai ist, und ich ein Los habe, das gespielt wird, und beginne ein weiteres Mal die Säcke zu suchen, es muß sich doch irgendeine Spur finden lassen, und so such ich den ganzen Tag und die ganze Nacht bis zum Morgen des zweiten Mai. Allein hab ich einen ganzen Tag vertrödelt, nichts im Mund, es ist schon ein Uhr, das Herz ist mir schwer, Ihr versteht mich, oder nein? Ich komme nach Hause, da fällt noch das Weib über mich her:

»Vielleicht willst du dich waschen und etwas zu dir nehmen? Vielleicht hast du endlich genug von deinen Säcken? Deine Säcke hab ich schon bis hierhin! Soll der Wind die Säcke forttragen! Darf man sich so das Leben von den Säcken verderben lassen? So wie *mit* den Säkken geht es auch *ohne* Säcke! Da hast du ein Geschäft mit Säcken! Säcke-Säcke! Säcke-Säcke!«

»Weißt du was, mein Weib?« sag ich zu ihr. »Vielleicht ist jetzt genug mit den Säcken. Es sackt schon so genug auch in meinen Kopf, und da kommst du noch und streust Salz auf meine Wunden. Säcke-Säcke! Säcke-Säcke!« Ihr versteht doch, oder nein? Vielleicht findet sich bei Euch noch ein Sack – tfu! Ich meine, noch eine Papiross?

Kurz und gut, wo war ich noch stehengeblieben? Bei den Säcken, genau. Mit einem Wort, die Säcke waren weg. Was will man da machen? Die Seele kann man nicht ausspucken. Ich wasche mich und setze mich zu Tisch. Aber wer? Was? Ich bringe nichts herunter.

»Was ist mit dir, Jankev-Jossl?« fragt mich mein Weib, lang soll sie leben. »Was ist dir heute über die Leber gekrochen?«

* Verwandtschaft, Familie

»Ich weiß selbst nicht, was mir ist!« sag ich und stehe mitten im Essen auf und leg mich ein bißchen aufs Sofa. Und wie ich so daliege, bringt man von der Post die Zeitung. Vielleicht tust du, du Narr Jankev-Jossl, einen Blick in die Zeitung, heute ist der zweite Mai, vielleicht hat dein Los etwas gewonnen? – Wer? Was? Fragt mich nur, ob heute der zweite Mai ist, oder der zweiundzwanzigste Juni, oder gar der Monatsanfang des Kremenitz*! Ihr versteht doch, oder nein? Und ich nehme die Zeitung und fange an zu lesen, gewöhnlich, von Beginn weg. Kurz, ich liege da und lese allerlei Neuigkeiten: Erschossen – erhängt – erstochen – erschlagen, die Engländer mit den Buren – es kriecht mir doch in ein Ohr hinein und aus dem anderen wieder hinaus. Was sind mir die Engländer, wer sind mir die Buren, wenn man mir die Säcke gestohlen hat? Die Engländer können mir mit allen Buren gestohlen bleiben! Das hab ich mir also bei der Geschichte überlegt, und vielleicht hab ich mir bei der Geschichte gar nichts überlegt, und ich blättere die Zeitung von einer Seite zur anderen, und von der anderen auf die dritte, ich werfe einen Blick und – ›Ziehung!!!‹, kommt es mir plötzlich in den Sinn: Vielleicht hat mein Los wenigstens 600 Rubelchen geholt? Wirklich, das hätte doch zu meinen Säcken gepaßt, wie auf Wunsch. Und ich nehme die Zeitung und schaue von unten nach oben alle sechshunderter Nummern – nichts; die tausender – nichts; fünftausender, achttausender, zehntausender – auch nichts! So lang, so breit, bis ich zu den Fünfundsiebzigtausendern gekommen bin. Und als ich zu den Fünfundsiebzigtausendern gekommen bin, ist mir plötzlich etwas in die Augen gesprungen und in den Kopf: Serie 2289, Nummer 12! Ich hätte schwören können, daß das meine Nummer ist! Ich weiß! Wie kommt zu mir, Unglücks-

* Nixember – Monat, den es nicht gibt

rabe, so ein großer Gewinn? Ich schau mir die Zahlen noch einmal genau an – Herr der Welt, es ist nach wie vor meine Nummer! Ich will aufstehen – kann ich nicht, ich bin wie am Sofa festgewachsen. Ich will aufschreien: »Zipojre!« – kann ich nicht; die Zunge ist mir mit einemmal wie am Gaumen festgewachsen. Ich habe alle Kraft zusammengenommen, ich bin aufgestanden, zum Tischkasten, und habe einen Blick in mein Buch geworfen: Ja, so wahr ich hier stehe: Serie 2289, Nummer 12!
»Zipojre«, sag ich, und die Hände zittern mir, und die Zähne im Munde klappern. »Hörst du? Die gestohlenen Säcke sind wieder gefunden …«
Sie schaut mich an wie einen Meschuggenen:
»Was redst du? Weißt du, was du redst?«
»Ich sage dir«, mach ich zu ihr, »Gott hat uns die Säcke doppelt zurückgegeben und mit Prozenten. Unser Los ist gezogen worden, und wir haben gewonnen, einen Hut voll Geld!«
»Sagst du das im Ernst, Jankev-Jossl, oder lachst du mich nur aus?«
»Was heißt«, sag ich, »ich lache! Ich sage das ganz ernst, wir haben Masel-Tow*, wir haben Geld gewonnen.«
»Wieviel haben wir denn gewonnen?« macht sie zu mir und schaut mir in die Augen, wie einer, der sagt: »Aha, das ist sicher eine Lüge, du kannst mich nicht zum Narren halten!«
»Wie hoch, sag nur, wieviel hättest du denn gern, daß wir gewinnen?«
»Was weiß ich?« sagt sie. »Vielleicht ein paar hundert Rubelchen?«
»Und warum nicht«, sag ich, »etliche Tausend?«
»Wieviel heißt *etliche* Tausend«, sagt sie, »fünf? Oder sechs? Oder sogar alle sieben?«

* großes Glück; gutes Schicksal

»Noch mehr«, sag ich,»du willst, so scheint es, nicht höher hinaus?«
»Zehntausend?« sagt sie.
»Hab Mut«, sag ich, »noch ein bißchen höher!«
»Fünfzehntausend?«
»Noch höher!»
»Zwanzig? Fünfundzwanzig?«
»Noch höher!«
»Jankev-Jossl«, sagt sie, »sag schon, quäl mich nicht!«
»Zipojre!« sag ich und nehme sie bei der Hand und drücke sie fest. »Wir haben einen ganzen Reichtum von Geld gewonnen! Ein ganzes Ansehen haben wir gewonnen! So viel Geld, wie du dir nie vorgestellt hättest, nicht einmal im Traum!«
»Nu sag schon, sag, Jankev-Jossl, wieviel haben wir gewonnen, zieh mir nicht an der Seele!«
»Wir haben«, sag ich, »eine Masse, eine ganze Menge Geld, einen Schatz, eine Summe von fünfundsiebzigtausend Rubeln! Hörst du, Zipojre? Fünfundsiebzigtausend!«
»Gelobt seist Du, Gott!« sagt sie und fängt an, in der Stub herumzulaufen und die Hände zu ringen.
»Gesegnet sei Dein Name, daß Du auch einmal auf uns geschaut hast und uns beglückt! Dank Dir, lieber Gott, Dank Dir! Hast du auch gut achtgegeben, Jankev-Jossl, ist es nicht vielleicht ein Irrtum? Gelobt seist Du, Gott, gütiger Vater, herzenstreuer! Die ganze Mischpoche wird aufleben, gute Freunde werden sich freuen, die Feinde werden zerplatzen! Eine Kleinigkeit – so viel Geld, nur kein böser Blick! Wieviel, sagst du, Jankev-Jossl, Fünfundsiebzigtausend?«
»Fünfundsiebzigtausend!« sag ich. »Gib mir, Zipojre, den Kaftan, ich muß gehen.«
»Wohin willst du gehen?«
»Was heißt das, wohin ich gehen soll? Ich muß noch zu Birnbojm, das Los ist doch bei ihm versetzt, und ich habe nicht einmal einen Zettel von ihm.«

Als ich diese Worte zu ihr gesprochen hatte, hat sie allerlei Farben bekommen, ich meine mein Weib, sie nimmt mich an beiden Händen und sagt zu mir:
»Jankev-Jossl, wenn dir Gott lieb ist, geh nicht gleich. Überleg dir zuerst, was du tust, und wohin du gehst, und wie du mit ihm reden sollst. Vergiß nicht, es sind Fünfundsiebzigtausend!«
»Du redest wie eine Frau!« sag ich. »Und wenn es auch Fünfundsiebzigtausend sind, bin ich ein Büblein, oder was?«
»Befolge meinen Rat«, sagt sie, »Jankev-Jossl, denk vorher nach, berate dich mit einem guten Freund, geh nicht gleich hin, ich lasse dich nicht gehen!«
Kurz und gut, Ihr wißt ja, wie das ist, wenn ein Weib sich etwas in den Kopf setzt, führt sie es auch aus. Wir haben einen guten Freund zu uns gerufen und ihm die ganze Geschichte erzählt. Als er alles gehört hat, sagt er, daß sie recht habe, mein Weib meine ich, weil – Fünfundsiebzigtausend sind kein Spielchen; derweil liegt das Los bei dem, und ich habe keinen Zettel. Geld ist eine Versuchung, je nachdem, und wenn ihm dann plötzlich ein schlechter Gedanke kommt, es sind immerhin Fünfundsiebzigtausend!
Ihr versteht doch, oder nein? Was soll ich Euch sagen. Sie haben mich in so eine Stimmung gebracht, daß ich schon selbst Angst bekommen und mir weiß Gott was vorgestellt habe. Was tut man da also? Wir haben beschlossen, daß ich zweihundert Rubelchen mit mir nehmen solle. (Geld findet sich sofort: wenn man Fünfundsiebzigtausend gewinnt, ist man schon kreditwürdig.) Und einen Menschen soll ich mitnehmen, der Mensch soll hinter der Tür stehen, und ich soll mit dem Birnbojm ein Schwätzchen halten, ihm die Schuld mit Prozenten zurückzahlen und das Los zurückkaufen. Ist doch einfach: will er das Los herausgeben, ist es sowieso gut; wenn nicht, hab ich

wenigstens einen Zeugen … Ihr versteht doch, oder nein?
›Das ist aber nur gut‹, dacht ich bei mir, ›wenn er noch nicht weiß, daß das Los Fünfundsiebzigtausend gewonnen hat.‹ Was soll man aber tun, wenn er auch eine Zeitung hat, und auch gesehen hat, daß die Nummer die Fünfundsiebzigtausend gewonnen hat? Und was tu ich, wenn er zum Beispiel so spricht: »Erstens habe ich Euch schon lange das Los zurückgegeben; zweitens ist Eure Nummer gar nicht die Nummer; und drittens hab ich von Euch gar nie ein Los angenommen.« … Ihr versteht doch, oder nein? Hat Gott etwa ein Wunder getan, und er weiß noch nichts von dem Gewinn?
»Denk doch daran, Jankev-Jossl, es ist keine Kleinigkeit. Du gehst, um Fünfundsiebzigtausend zu bekommen. Man soll auf deinem Gesicht kein Zeichen sehen, keine Spur von keinen Fünfundsiebzigtausend! Und was dir auch immer geschehen wird, sollst du daran denken, daß das Leben teurer ist als fünfundsiebzigtausend mal fünfundsiebzigtausend!«
So also macht zu mir mein Weib, gesund soll sie sein, und nimmt mich an beiden Händen und sagt mir, ich solle ihr mein Wort geben, das heilige Ehrenwort, daß ich ruhig bleibe … Ruhig …? Ihr versteht, geh, sei ruhig, wenn das Herz in dir kocht, und die Gedanken schlagen, und ich kann mir nicht verzeihen: ›Wie konntest du, wie konntest du, du Narr Jankev-Jossl, gehst und gibst ein Gewinnlos von Fünfundsiebzigtausend, einem Birnbojm, einem Wildfremden, und nimmst von ihm keinen Zettel, keinen Tropfen Tinte! Ihr versteht doch, oder nein? Findet sich nicht bei Euch vielleicht ein Tropfen Tinte … tfu! Ich meine, eine Papiross für mich?
Kurz und gut. Wo war ich stehengeblieben? Bei Birnbojm, genau. Das wäre eine schöne Bescherung, dacht ich mir, wenn mein Birnbojm schon längst die Zeitung

durchgesehen hätte und schon von den Fünfundsiebzigtausend wüßte, so wie ich, oder sogar noch vor mir, und ich komme zu ihm und sage:
»Gott helf Euch, Panje Birnbojm!«
»Ein gutes Jahr. Was wollt Ihr mir erzählen?«
»Wo ist mein Los, Panje?«
»Was für ein Los?«
»Das Los der Serie 2289, Nummer 12, das ich bei Euch versetzt habe.«
Und er schaut mich nur an wie einen Deppen.
Solche Gedanken fliegen mir durch den Kopf, und in meinem Herzen wird es eng, es erstickt mein Hals, kein Hauch, kein bißchen Atem! Zum Schluß, was kommt heraus? Ich komme zu Birnbojm. Und wo ist Birnbojm? Er schläft! Er schläft? Das heißt doch, daß er noch keine Ahnung hat, nicht vom Traum und schon gar nicht von seiner Deutung. Gelobt seist Du, Gott! ... Ich komme zu ihm herein, herein in seine Stub, da treff ich sein Weib, Fejgele ruft man sie, in der Küche. Es ist ein Rauch und eine Hitze und ein Dampf bis zum Hals.
»Gesegnet sei der Gast, Reb Jankev-Jossl«, macht zu mir Fejgele, und bittet mich in die Stub herein und bittet mich, ganz oben am Tisch Platz zu nehmen, und fragt, was denn geschehen sei, daß man mich nicht sähe.
»Was weiß ich, warum man mich nicht sieht. Ich weiß es selbst nicht!« Und schau ihr dabei in die Augen und denke mir: ›Weiß sie schon, oder weiß sie noch nicht? Ich denke, sie weiß noch nichts ... Doch vielleicht weiß sie schon?‹
»Was macht Ihr denn so, Jankev-Jossl?«
»Was soll ich schon machen?« sag ich. »Vielleicht habt Ihr schon von meinen Zores gehört?«
»Von was für Zores?«
»Moment, Ihr habt noch gar nichts gehört?« sag ich. »Die Geschichte mit den Säcken, die man mir gestohlen hat?«

»Ach, das sind die Zores?« macht sie. »Das ist doch schon eine alte Geschichte! Ich meinte etwas Neues.«
›Etwas Neues? Sie meint doch nicht etwa die Fünfundsiebzigtausend?‹ So denk ich und schau ihr dabei in die Augen, und ich kann in ihren Augen nichts lesen, gar nichts, kein bißchen gar nichts!
»Wollt Ihr vielleicht ein Gläschen Tee, Reb Jankev-Jossl, dann will ich den Samowar einblasen, bis mein Mann aufsteht.«
»Ein Glas Tee? Eigentlich, warum nicht?« mach ich zu ihr, und das Herz fällt mir in die Schuh, kein Hauch mehr, kein bißchen Atem, im Mund ist es trocken, in der Stube heiß, der Schweiß rinnt, und sie, Fejgele heißt das, redet zu mir – aber was sie mir sagt: Ich verstehe kein Wort. Weil, mein Kopf ist nur dort, in jenem Alkoven, wo Birnbojm schläft und so genüßlich vor sich hin schnarcht, Ihr versteht doch, oder nein?
»Warum trinkt Ihr nicht?« macht sie zu mir, Fejgele, meine ich.
»Was tu ich denn?« sag ich und dreh und dreh den Löffel im Glas.
»Ihr dreht schon eine ganze Stunde mit dem Löffel im Glas, und trinken tut Ihr nicht.«
»Ich dank Euch, ich trinke nie kalten, ich meine heißen Tee; ich hab es lieber«, sag ich, »wenn der Tee ein bißchen steht und heiß wird, schön heiß, ich meine schön kalt, ich meine schön aufgeheizt, ich meine abgekühlt …«
»Irgendwie seid Ihr sehr zerstreut, Reb Jankev-Jossl!« macht sie zu mir. »Ihr seid so zerstreut, daß Ihr gar nicht wißt, was Ihr redet. Ist man denn so zerstreut, nur wegen den gestohlenen Säcken? Gott wird schon helfen. Die Säcke werden sich schon noch finden. Ich habe gehört, so sagt man, daß es schon eine Spur gebe … Scha, mein Mann rührt sich schon, er steht schon auf, da kommt er!«

Heraus kommt mein Freund, ein Verschlafener mit einem seidenen Käppchen auf dem Kopf, er reibt sich die Augen und schaut mich von der Seite an.
»Was macht Ihr denn so, Jankev-Jossl?«
Mein erster Gedanke war: ›Er weiß? Oder er weiß noch nicht? Ich denke, er weiß noch nicht. Oder vielleicht doch?‹
»Was soll man schon machen?« sag ich. »Ihr habt doch von meinem Unglück mit den Säcken gehört?«
»Die Geschichte hat schon einen Bart, erzählt uns etwas Neues ... Findet sich nicht bei dir, Fejgele, ein bißchen Eingemachtes, ich habe so einen üblen Geschmack im Mund nach dem Schlaf«, sagt Birnbojm und verzieht das Gesicht.
›Nun, daß er zuerst Eingemachtes will, ist ein Zeichen, daß er noch gar nichts weiß.‹ So denk ich bei mir und beginne mit ihm ein Schwätzchen, der Wind weiß wovon, ein Wort klebt nicht am nächsten. Es rumort in meinem Bauch, in meinem Hals stockt es, ich spüre, daß es mit meinem Leben zu Ende geht, ich falle gleich um, bald schreie ich aus vollem Hals: *›Zu Hilfe, gute Leute, Fünfundsiebzigtausend!‹* Ihr versteht doch, oder nein? Bis Gott sich meiner erbarmte und ich den Schwatz auf die Prozente lenken konnte.
»Ich kann Euch, Panje Birnbojm, ein bißchen Prozente abzahlen«, sag ich, »das heißt, ich kann Euch die Prozente abzahlen, die auf mein Los angelaufen sind.«
»Ach wirklich, es ist mir eine Ehre!« macht er und versucht einen Löffel Eingemachtes.
»Wieviel macht es denn«, sag ich, »die Prozente, meine ich.«
»Wollt Ihr wissen«, macht er, »wie hoch die Rechnung ist, oder wollt Ihr tatsächlich Geld bezahlen?«
»Nein«, sag ich, »ich möchte tatsächlich, ich meine, wirklich Geld zahlen.«
»Fejgele! Auf! Bring mir das Buch!«

Als ich diese Worte gehört habe, bin ich von den Toten wieder auferstanden: ›Der Ärmste hat von nichts eine Ahnung!‹

Als ich die Prozente bezahlt hatte, sag ich zu ihm: »Schreibt doch bei dieser Gelegenheit, seid so gut, Panje Birnbojm, in Euer Buch, meine ich, daß Ihr von mir die Prozente für mein Los der Serie 2289, Nummer 12 bekommen habt.«

»Schreib«, macht er, »Fejgele, für das Los der Serie 2289, Nummer 12!«

›Er hat immer noch keine Ahnung!‹ denk ich bei mir und beginne mit ihm ein Schwätzchen über das Los, daß es sich nicht lohnt, ein Los zu haben und dafür Prozente zu zahlen; denn was wird denn schon mit dem Los weiter sein?

»In welcher Hinsicht sagt Ihr das?« macht er und wirft einen Seitenblick auf mich.

Von diesem Blick hat es mein Herz zerrissen; der Blick hat mir nicht gefallen, Ihr versteht doch, oder nein? Doch ich habe mich gleich wieder zusammengenommen und so zu ihm gesprochen:

»Versteht, Panje Birnbojm, ich sage das deswegen, weil ich nur Ausgaben habe mit dem Los. Könntet Ihr, vielleicht, auf weiteres bei mir ein Prozent weniger nehmen? Außerdem sind wir, wie Ihr sagt, alte Bekannte, enge Nachbarn.«

»Nein«, sagt er, »ich bin mit allem einverstanden, nur das nicht! Wenn es Euch so paßt, ist es mir recht, wenn nicht, dann bezahlt mir jetzt das Geld und versetzt es woanders.«

»Heute noch?« sag ich, und das Herz klopft in mir wie ein Hammer: Tick-tick-tack! Tick-tick-tack!

»Auf jeden Fall bald«, macht er.

»Dann nehmt eben Euer Geld!« sag ich zu ihm und leg ihm seine zweihundert hin, und das Herz springt mir fast heraus.

»Nimm das Geld!« macht er zu Fejgele und beugt sich zu seinem Glas Tee und ißt Eingemachtes. Und nach diesem Löffelchen nimmt er noch ein Löffelchen und nach jenem Löffelchen – noch ein Löffelchen und noch ein Löffelchen. Ich möchte doch das Los noch erleben, und am Ende ißt er nur Eingemachtes! Ich bezahle für jede Minute, für jeden Moment mit Blut und Gesundheit. Man kann doch kein Schwein sein: Jener liebt Eingemachtes – laß es ihm wohl bekommen. Auch wenn es fast nicht auszuhalten ist, kann man sich wundsitzen, bis er endlich fertig ist mit seinem Eingemachten. Ihr versteht doch, oder nein? ... Hättet Ihr nicht vielleicht ein bißchen Eingemachtes ... tfu! Ich meine, eine Papiross? Kurz und gut, wo war ich stehengeblieben? Der Freund ißt also Eingemachtes. Als er das Eingemachte fertiggegessen und die Lippen abgewischt hat, sagt er zu mir: »Reb Jankev-Jossl, das Geld habe ich von Euch genommen, die Prozente habt Ihr mir bezahlt, und jetzt soll ich Euch wohl Euer Los geben?«
»So ist es!« sag ich ganz kaltblütig und falle vor Freude fast in Ohnmacht.
»Das Dumme ist nur«, macht er, »ich kann Euch heute das Los nicht geben.«
Als er diese Worte zu mir gesprochen hat, war es mir, als ob in meinem Herzen drin etwas einen Riß bekommen hätte; ich bin mit einem Male vom siebten Himmel direkt auf die Erde gefallen. Wie ich mich da noch auf den Beinen gehalten habe, weiß ich nicht.
»Was ist das für eine Geschichte, Panje Birnbojm, weshalb könnt Ihr mir das Los nicht geben?«
»Deswegen«, sagt er, »weil ich es nicht bei mir habe.«
»Was soll das heißen«, sag ich, »Ihr habt es nicht bei Euch?»
»Es liegt bei mir«, sagt er, »auf meinem Bankkonto.«
Als ich diese Worte gehört habe, ist mir etwas leichter geworden auf der Seele, und ich habe nachgedacht.

»Was habt Ihr«, macht er, »Ihr seid so nachdenklich.«
»Gar nichts«, sag ich, »ich steh und denke, wie die Katze über das Wasser kommt.«
»Ganz einfach«, macht er, «ich fahre morgen in die Stadt hinein, und dann bringe ich Euch das Los.»
»Auch gut!« sag ich und mache mich auf, und tu so, als ob ich schon zur Tür wollte, und wende mich noch einmal um.
»Wie findet Ihr das, Panje Birnbojm, was bin ich doch für ein Geschäftsmann! Das Geld habe ich Euch gegeben, die Prozente bezahlt, und das Los liegt bei Euch – gebt mir doch wenigstens eine Quittung auf das Los!«
»Wozu braucht Ihr eine Quittung?« macht er. »War ich Euch nicht für die zweihundert Rubel gut ohne eine Quittung?«
»Vielleicht habt Ihr recht«, sag ich und geh so zur Tür und dreh mich wieder zurück.
»Nein«, sag ich zu ihm, »etwas stimmt nicht ganz, es ist nicht ganz in Ordnung; wenn man bei jemandem ein Los hat, braucht man eine Quittung ... Seid so gut, Panje Birnbojm, gebt mir eine Quittung! Warum solltet Ihr mir nicht eine Quittung geben?«
Plötzlich steht mein Birnbojm auf, geht zu sich ins Zimmer hinter den Vorhang und ruft Fejgele zu sich.
»Panje ...!« ruf ich zu ihm. »Ich weiß, warum Ihr Fejgele zu Euch ruft, Ihr wollt sie heißen, die Dienstboten nach der Zeitung zu schicken! Heute ist der zweite Mai. Wollt Ihr einen Blick werfen, ob das Los nicht Geld gewonnen hat? Warum dieser Aufwand? Ich will Euch besser selbst die Wahrheit sagen, daß mein Los, Gott sei Dank, ein schönes Geld gewonnen hat.«
Mein Gegenüber hat allerlei Farben bekommen.
»Tatsächlich«, sagt er, »mag Gott Euch helfen. Wieviel hat es denn gewonnen?«
»Es hat gewonnen«, sag ich, »ein hübsches Sümmchen, mögen alle Kinder Gottes damit gesegnet werden, und

darum bitte ich Euch um eine Quittung, Ihr versteht doch, oder nein?«
»Ich sage doch«, sagt er, »laß Gott Euch zu den zweihunderttausend verhelfen, ich vergönne es Euch, glaubt mir, von ganzem Herzen! Doch wieviel hat das Los denn gewonnen? Was habt Ihr Angst, es mir zu sagen?«
»Panje Birnbojm«, sag ich, »was brauchen wir lange Beteuerungen und übrige Reden. Das Los hat fünfundsiebzigtausend Rubelchen gewonnen, und es liegt bei Euch, die Prozente habe ich auch bezahlt, das Geld hab ich Euch gegeben – gebt mir mein Los! Ihr sagt, Ihr hättet das Los nicht, es liege in der Bank? Gebt mir dann eine Quittung, und bringen wir die Sache zu Ende!«
»Wozu denn?« Bei meinem Gegenüber überschlägt es sich in den Augen, und sein Gesicht ist feuerrot geworden, und da es mit ihm nicht einfach so geht, rufe ich ihn zur Seite, nehm ihn bei der Hand und sage zu ihm:
»Lieber Freund! Habt Mitleid mit mir und mit Euch selbst, sagt, was Ihr wollt. Wir werden schon eine Lösung finden. Quält mich nicht, ich stehe kaum mehr auf den Beinen. Sagt, wieviel Ihr wollt, und gebt mir eine Quittung auf mein Los. Es ist närrisch, doch ich werde ohne Quittung von hier nicht weggehen, es geht doch um fünfundsiebzigtausend Rubel!«
»Was soll ich Euch sagen?« macht er, und seine Augen brennen wie ein Feuer. »Wir wollen uns auf die Menschen verlassen. Was die Menschen sagen werden, das soll sein.«
»Was brauchen wir«, sag ich, »Menschen? Wir wollen lieber selbst Menschen sein. Seid so gut, Birnbojm, wenn Gott Euch lieb ist, sagt, was Ihr wollt. Wir wollen doch keine Skandale und uns nicht zum allgemeinen Gelächter machen.«
»Nur Menschen«, sagt er, »was die Menschen sagen, das werde ich tun.«

Ich habe gesehen, daß ich bei ihm nichts ausrichten kann, habe die Tür geöffnet und habe meinen Mann gerufen, den Zeugen meine ich:
»Seidel! Jetzt kannst du gehen!«
Mein Seidel hat die Füße in die Hände genommen und hat in der ganzen Stadt ausgerufen, daß Jankev-Jossls Los die Fünfundsiebzigtausend gewonnen habe, und daß das Los bei Birnbojm liege, und daß Birnbojm das Los nicht herausgeben wolle! ... Ihr versteht doch, oder nein? Mehr brauchte es nicht: es war noch keine halbe Stunde vergangen, und die Stube Birnbojms hat sich gefüllt, auf der Gasse war eine Aufregung, es war ein Lärm, ein Getümmel, ein ›Hu-ha‹, ›das Los‹, ›Jankev-Jossl‹ ... ›Birnbojm‹ ... ›Fünfundsiebzigtausend‹!
Freunde haben meine Seite vertreten, es gab sogar solche, die auf den Tisch gehauen haben, andere haben sogar Schläge angedroht, Knochen brechen, die Stube kurz und klein schlagen, und das nicht im Spaß. Bis man sich geeinigt hat, sich an den Reichen zu wenden, den bedeutendsten Reichen. Wie der Reiche richten wird, so soll es sein. Und so sind wir, die ganze Gemeinde, zum Reichen gegangen.
Unser Reicher, das müßt Ihr wissen, ist ein stiller, ein freundlicher und ein ehrlicher Mann. Eigentlich mag er solche Schiedsgerichte nicht! Nur als eine ganze Gemeinde bei ihm mit dem Schrei ›Zu Hilfe!‹ eingedrungen ist und ihm sonst die Stube zertreten hätte, hatte er keine andere Wahl und mußte die ganze Chassene auf sich nehmen. Und wir haben unterschrieben, daß wir uns ganz seinem Urteil fügen würden, und so mußte der Birnbojm nebech* wohl oder übel das Los auf den Reichen überschreiben, und wir sind so verblieben, daß, so Gott will, wir alle morgen oder über-

* ein beliebtes Wortanhängsel; es heißt hier »Birnbojm, der Arme ...«

morgen in die Stadt hinein fahren, um das Los von der Bank abzuholen; und so viel mich der Reiche heißen wird, dem Birnbojm zu bezahlen, so viel will ich ihm bezahlen. Ihr versteht doch, oder nein? … Nur Ihr meint jetzt wahrscheinlich, daß es damit sein Bewenden habe? Te, te, te! Da fängt die ganze Chassene erst richtig an. Ich habe, versteht Ihr, noch einen Partner an meinem Los. Wo hat man schon einen Juden gesehen, der ganz alleine ein Los hat? – Und wer ist mein Partner? Mein Partner ist ausgerechnet mein eigener Bruder, Hejnech heißt er, er wohnt in einem kleinen Stedtl, nicht weit von uns, und für ihn hab ich, wie gesagt, jenes Los also bei jenem Birnbojm versetzt. Das heißt, umgekehrt betrachtet, hat er, mein Bruder heißt das, durch mich jenes Los bei eben diesem Birnbojm versetzt …
Ihr versteht doch, oder nein? Nur, da steckt eine ganze Geschichte drin. Das muß ich Euch gleich erzählen, wenn Ihr das verstehen sollt.
Kurz und gut, wo war ich stehengeblieben? Bei meinem Bruder Hejnech, heißt das. Ich habe da eben einen Bruder Hejnech, soll er leben bis hundertundzwanzig – was soll ich Euch da sagen? Es ist nicht einfach, über den eigenen Bruder zu reden, wie sagt Ihr: ›Geh und wisch vor deiner eigenen Tür.‹ Nun, ein Haus und ein Dach … Wir halten nicht viel voneinander, Ihr versteht doch, oder nein? … Ich will hoffen, daß das, was ich für ihn getan habe, mir nicht zur Last gelegt wird. Ich kann mich rühmen, daß ich ihn auf eigene Füße gestellt habe. Zuerst hat ihn Gott und später ich zu einem Menschen gemacht. Ich muß mich vor Euch nicht selbst loben, Ihr versteht doch, oder nein? Und als er mir ein Los schickte und mich bat, ich solle das Los für zweihundert Rubelchen verkaufen oder versetzen und ihm das Geld schicken, mußte ich das doch tun, oder nein? … Aj, was kümmert ihn das Los: Was Los? Wer Los? Geh, sorg du dich um das Los, versichere es, zahl

Prozente, was geht ihn das weiter an? Und als Gott geholfen und das Los gewonnen hat, wer hat sich bei Birnbojm den Kopf eingerannt? Wen hat fast der Schlag getroffen, bis wir endlich einen Weg gefunden haben? Und am Schluß, als endlich etwas dabei herausschaut, argumentiert er, mein Bruder:

»Wer hat dich gebeten, für mein Los in Ohnmacht zu fallen?«

Hört Ihr das? Und wie findet Ihr dieses Argument von dem Grobian? Das ist doch ganz verständlich, daß mich das verdrossen und in meinem Herzen gebrannt hat:

»Aj, wenn du mir schon so grob kommst, wo steht denn geschrieben, daß das Los überhaupt dir gehört?«

»Wem sonst«, sagt er, »soll denn das Los gehören?«

»Wem es gehört, dem gehört es«, sag ich. »Jetzt muß man zuerst das Los vor fremden Leuten retten, das ist kein Spielchen«, sag ich, *»es geht um fünfundsiebzigtausend Rubel!«* ...

Ihr versteht doch, oder nein? Nun, was hab ich davon? Darf man mir einen Skandal machen? Auf den Tisch hauen? Die Stühle zerschlagen? Hört Ihr, wenn man sagt, daß aus einem Schweineschwänzchen keine Pelzmütze genäht werden kann, ist das auch wahr ... Ich habe mir überlegt: Was soll ich mich da mit meinem Bruder umsonst herumschlagen? Hundertsechsunddreißig Millionen Menschen beneiden uns um unseren Gewinn, und am Schluß bekriegen wir den eigenen Bruder: mein Los, dein Los ... Pfui, elend! Man muß sich doch schließlich das Los sichern, das ist doch, schließlich, das Wichtigste. He? Was sagt Ihr? Ist es nicht so? ... Nun geh und erklär das einem einfachen Menschen. Ich meine damit genau meinen Bruder Hejnech, und Gott wird mich für diese Worte nicht strafen. Warum auch, wenn der mir nicht früher sagt, wo das Problem liegt, wenn er mir gleich gesagt hätte, daß das nicht einfach

so ein einfaches Los ist, sondern ein Los mit einem Haken, dann hätte ich doch gewußt, was ich zu tun habe. Doch wann ist mein Bruder Hejnech mit dem Haken herausgerückt? Ein bißchen später, nachdem das Los schon lange auf den Reichen überschrieben war, und der Staatsanwalt auf das besagte Los eine einstweilige Verfügung erlassen hat, und uns hat man einzeln zum Richter geführt, das heißt, der Staatsanwalt hat nach uns geschickt, wir sollten uns zu ihm bemühen und ihm möglichst genau die ganze Sache mit dem Los erzählen:
Wie das Los zu mir gekommen sei, fragt er. Und was für eine Rolle Birnbojm in der ganzen Geschichte spiele, fragt er. Und was der Reiche damit zu tun habe?
Eine ganze Chassene! Ihr versteht doch, oder nein? ...
Aj, und was mischt sich plötzlich der Staatsanwalt ein? Und wozu muß er das alles wissen?
Und da beginnt erst der Haken an der ganzen Geschichte. Das ist so eine Art Haken, hört Ihr, wo man nicht darum herumkommt, an so einem Haken erstickt man früher oder später! ... Ihr wollt wissen, woher dieser Haken kam? ... Der Haken ist gekommen mit so einem Mönch, mit einer Tonsur. Ihr versteht doch, oder nein?
So einen Mönch, so eine Tonsur, gibt es dort, wo mein Bruder sitzt, er handelt mit ihm schon seit einigen Jahren, er leiht bei ihm Geld und verkauft ihm Waren, und sie verstehen sich wie die besten guten Brüder. Ihr versteht doch, oder nein? ...
Und es kam der Tag, als sich folgende Geschichte zutrug (so erzählt sie die Tonsur, geh und glaub ihm auf sein heiliges Gelübde): Mein lieber Bruder kommt also zu ihm und sagt ihm:
»Väterchen, ich brauche eine Wohltätigkeit, ein paar Hundert, bei mir ist Markttag.«
Und der Pater sagt ihm:

»Woher soll ich es denn für dich nehmen, wenn ich doch selbst keines hab?«
»Es gibt keinen anderen Ausweg!« sagt zu ihm mein lieber Bruder. »Es geht um Leben und Tod!«
»Du bist doch ein seltsamer Kerl!« sagt zu ihm der Pater. »Ich sagte dir doch, daß ich kein Geld habe. Ein Los, wenn du willst, ein Gewinnlos, kann ich dir leihen, und du geh, und bekomm dafür Geld ...«
Ihr versteht doch, oder nein? Das ist eben genau das Los, das gewonnen hat, ich meine die Fünfundsiebzigtausend. So also, sagte die Tonsur, sei es gewesen, und geh und glaub ihm auf sein heiliges Gelübde! Jetzt, wo das Los gewonnen hat, kommt doch die Tonsur zu meinem Bruder gelaufen und sagt so: Das Los habe, Gott sei's gedankt, hübsch Geld gewonnen ... Macht zu ihm mein lieber Bruder: ›Ja man sagt, es habe Geld gewonnen.‹ ... Macht zu ihm der Pater: ›Und, wie geht es jetzt weiter?‹ Macht zu ihm mein lieber Bruder: ›Was soll schon sein?‹ ... Kurz, hin und her, ohne viel Worte: Er sagt ihm das und der andere erwidert jenes, er fragt ihn nach dem Keller und der antwortet ihm mit dem Dachboden; nichts schwarz auf weiß, auf Papier, Ihr versteht doch, oder nein, haben sie beide nichts.
Mit einem Wort, mein Bruder hat zwar ein Los, aber was hat der Pater? Nur Herzeleid! Was soll's, sie sind so verblieben: Er, die Tonsur meine ich, bekommt von ihm, von meinem Bruder, wenigstens ein paar tausend Rubelchen.
Dann nimm doch, du grober Mensch, Hejnech und stopf ihm das Maul mit den paar tausend Rubelchen, und laß es nicht auf einen Streit ankommen. Doch er argumentiert:
»Wozu soll er etwas bekommen? Das ist doch mein Los! Ehrenwort«, sagt er, »weil ich ihm das Los doch schon vor drei Jahren abgekauft habe!« Es wäre auch alles gut gegangen, doch da haben sich unsere Juden

eingemischt; unser Stedtl ist doch an sich ein gutes Stedtl – vielleicht habt Ihr schon davon gehört: Klatschstadt heißt es, der Name sagt schon alles, eine Stadt von Klatschmäulern, Neidern und Verrätern, verbrannt soll sie sein an einem Sommertag! Was soll's, man ist also hingegangen zur Tonsur und hat ihn aufgeklärt, daß er doch einen Gewinn machen könne, er solle nicht lange fackeln und einfach in die große Stadt hineinfahren, geradewegs zum Prokuror, und angeben, daß Juden ihm ein Los abgeluchst haben, daß das Los Fünfundsiebzigtausend gewonnen habe, und daß man ihm das Los nicht zurückgebe ... Ihr versteht doch, oder nein? ... Was soll's, die Tonsur hat sich nicht lumpen lassen und hat alles Nötige und sogar noch mehr als nur das Nötige unternommen, und man hat auf das Los eine einstweilige Verfügung erlassen, und das zieht wohl wieder ein ganzes Geschäft nach sich, das ist kein Spaß. Da trifft dich nun also der nächste Schlag! Bitte, da ist der Haken, eine Tonsur!

Nachher hat mein Bruder ihm schon zehntausend vorgeschlagen, und später hat die Tonsur wohl oder übel fünfzehntausend Rubel zugesagt bekommen. Doch man hat ihn so verdreht, versteht Ihr, daß er schon selbst nicht mehr wußte, was er will. Das wäre also die Geschichte mit dem Haken, Ihr versteht doch, oder nein?

Kurz und gut, wo war ich stehengeblieben? Beim Haken, genau. Gott hat uns einen rechten Haken beschert, das könnt Ihr Euch denken, den schluckst du nicht runter und spuckst du nicht aus! Es gibt keinen Ausweg! Es gibt aber doch einen Gott auf der Welt, einen großen Gott, wie sagt Ihr: Mit der einen Hand straft er, mit der anderen heilt er. Es haben sich also Menschen gefunden, gute Brüder, Verwandte, gute Freunde, anständige Menschen, man hat sich zusammengefunden, alles gewendet und von allen Seiten geprüft, vor und zurück, von meinem Bruder zur Tonsur, von der Tonsur zu meinem Bruder, von mir zu Birnbojm, von Birnbojm zu mir, und von uns beiden zu meinem Bruder, und von uns allen wieder zur Tonsur. Eine Dreherei, eine Lauferei, eine Fahrerei, eine Rederei, Streiterei – kurz, man hat mit Müh und Not einen Ausgleich gefunden. Was heißt ausgeglichen? Wie ausgeglichen? Fragt besser nicht, die Hauptsache ist: ausgeglichen! Wie sagt Ihr: Aus Ränken kocht man das Abendessen, oder, wie mein Bruder gesagt hatte, als er sich mit der Tonsur geeinigt hatte: ›Euer Gnaden, weder nach meinem noch nach Eurem Willen, laßt uns teilen.‹

»Laßt uns teilen!« sagte der Pater. »Aber du, Hejnech, bist ein Schwindler.«

»*Lechajm,* Väterchen, *sa wasche sdarowje,* auf Eure Gesundheit!« sagt zu ihm mein Bruder, und bringt ihm ein Gläschen, und wir alle nehmen ein Gläschen, und man trinkt aus und küßt sich – fein, schön, alle zufrieden ... Was heißt da zufrieden? Wie kann man zufrieden sein, wenn man beinahe Fünfundsiebzigtausend in der Hand hatte und sie vom Wind fortblasen lassen mußte, ffft! Ihr wollt wissen, wie? Bitte, eine einfache Rechnung: Sagt man mir nicht nach, ich hätte nicht Fünfundsiebzigtausend, eine schöne runde Zahl!? Nur frage ich Euch: Was hätte mein Bruder Hejnech getan, wenn ich ihm nicht sofort eine Depesche geschickt hätte, daß unser Los die Fünfundsiebzigtausend gewonnen hat? Ein anderer an meiner Stelle, wenn er einen Gewinn erwartet, wißt Ihr, was er tut? Er wischt sich die Lippen und schweigt. Was ist mir der Bruder? Wer ist schon Hejnech? Ich hätte ihm ja sagen können, ich habe das Los verkauft! Oder ich habe das Los bei Birnbojm versetzt und nicht rechtzeitig losgekauft, und eine Quittung hat doch der Birnbojm, daß ich bei ihm das und das Los von der und der Serie mit der und der Nummer hinterlegt habe, und wenn ich es nicht zur Zeit loskaufe, ist das besagte Los von der und der Serie und mit der und der ... Ihr versteht doch, oder nein?... Und, was war? Mir ist nicht einmal der Gedanke gekommen, so frei bin ich von Bosheit. Warum? Wie ich hier vor Euch stehe, bin ich so ein Mensch, für den Geld gar eine kleine Rolle spielt. Was ist denn eigentlich Geld? Geld ist Schaum, Hauptsache – Gott hilft, wie mein Weib sagt, man ist gesund und hat alles, was man braucht ... Nun, verdrießlich ist es trotzdem, es sind doch immerhin *Fünfundsiebzigtausend*! Ihr versteht doch, oder nein? ...

Nehmen wir jetzt einmal Birnbojm. Er ist doch eigentlich an der ganzen Sache nicht schuld. Er hat doch, nebech, wirklich schon die Fünfundsiebzigtausend aus den Händen gegeben. Er ist doch ein ehrlicher, ein grundehrlicher junger Mann und will nicht der Nutznießer eines fremden Loses sein. Er will nur, daß man die Menschen befragt, *was die Menschen sagen werden,* Ihr versteht doch, oder nein? Alles Weitere wird sich geben, wie ein koscherer Topf und ein koscherer Löffel, er hat ja schließlich die Quittung von mir, daß das besagte Los von der und der Serie – Ihr versteht doch, oder nein? Er nimmt also das besagte Los und gewinnt just die Fünfundsiebzigtausend! Nun frag ich Euch, kann einem da nicht die Galle platzen? ... Da habt Ihr schon zwei unglückliche Seelen auf der Welt, die fast schon aus der Tasche je fünfundsiebzigtausend Rubel verloren haben ... Wie? Ist es nicht so? ...

Die dritte unglückliche Seele ist mein Bruder Hejnech, nebech. Er geht umher wie ein Beraubter, wie ein geköpfter Hahn, und man muß doch bitteres Mitleid mit ihm haben, daß er so wenig Geld bekommt, ist er doch gewöhnt, jedes Jahr, oder sogar zwei Mal pro Jahr, wenn die Lose gespielt werden, Fünfundsiebzigtausend zu gewinnen – und nicht weniger! Er geht umher und schreit:

»Was wollen sie von mir? Was plagen sie mich? Allen soll ich Geld geben! Der Tonsur soll ich geben, dem Bruder geben, dem Birnbojm geben! Die wollen mich zum Bettler machen!«
Der Vierte, die Tonsur meine ich, ist nun wirklich eine unglückliche Tonsur! Er schwört, und man muß ihm glauben, auf sein heiliges Gelübde, daß er nicht versteht, warum sich die Juden in sein Geld teilen.
»Gut, der Hejnech«, sagt er, »mag sein, daß er ein Schwindler ist, und er geht in die Synagoge – aber er ist doch einer von hier, fast ein Bruder ... Aber das ganze übrige Gesindel«, sagt er, »was hat dieses Gesindel mit meinem Los zu tun?!«
Ihr versteht doch, oder nein? Geh und red mit einer Tonsur und gib ihm zu verstehn, was Redlichkeit bedeutet. Da gibt es einmal den Bruder, der es in der Hand gehabt hätte, das Ganze zu nehmen, so daß kein Hahn danach gekräht hätte, und da ist der grundehrliche junge Mann, der von mir eine Quittung hat, daß das besagte Los von der und der Serie – Ihr versteht doch, oder nein? Bildet der sich etwas ein, Birnbojm, meine ich? Verlangt er Geld? Hat er irgendwelche Forderungen? Gott behüte! Er will nur, daß man die Menschen befragt, *was die Menschen sagen werden! Ein Mensch,* der sich in Menschen verliebt hat, *ein menschlicher Mensch,* Ihr versteht doch, oder nein?
Im ganzen, heißt das, haben vier Menschen gewonnen, jeder mit einem Anteil von Fünfundsiebzigtausend, und vier Menschen haben je Fünfundsiebzigtausend verloren: vier unglückliche geschlagene Menschen. Doch nichtsdestotrotz haben sie sich versöhnt und Schluß. Das war ihnen so bestimmt ... Was bleibt jetzt noch zu tun? Jetzt muß man sich in das Los teilen, das heißt, alle vier müssen zur Bank gehen, das Los holen und dann den Gewinn abheben, jedem seinen Teil abgeben, »Masel-tow« sagen und auf den Einstand trinken.

Ist es nicht so? Das hat alles noch ein bißchen Zeit, langsam, nur nicht hetzen. Erstens ist doch auf dem Los noch die Unterschrift des Staatsanwalts, da muß man doch nach all dem das Los erst befreien. Die Tonsur will das Los aber nicht befreien, bis man ihm nicht seinen Anteil zusichert. Ihr versteht doch, oder nein? Wie soll man ihm aber seinen Anteil zusichern? Man muß das Los vom Konto des Reichen abheben und es auf meines Bruders Hejnech und der Tonsur Namen überschreiben. Da will der Reiche nichts davon hören noch sehen. Er argumentiert so, der Reiche, meine ich, und er ist doch ein gerechter Mann:

»Was habe ich mit einem fremden Los zu tun? Wie kann ich ein fremdes Los von Fünfundsiebzigtausend übergeben lassen, auf dem noch eine einstweilige Verfügung liegt, wenn ich nicht weiß, wem das Los gehört? Früher war es Birnbojms und Jankev-Jossls Los, heute höre ich, daß es gar Hejnechs und des Paters Los ist, später tauchen plötzlich neue Inhaber auf, neue Hejnechs mit neuen Tonsuren – was soll ich tun, wenn nachher jeder von mir Fünfundsiebzigtausend will? Woher soll ich, liebe Kinderlech, so viel Geld nehmen? Ich bin doch nicht Brodsky!«

Ihr versteht doch, oder nein? Da hat also ein neuer Trubel mit Advokaten eingesetzt. Und die Advokaten sind doch genau wie die Doktoren: Was der eine sagt, von dem sagt der andere das Gegenteil. Geld nehmen sie alle und geben Ratschläge, jeder einen anderen. Ein Advokat sagt, daß der Reiche ohne weiteres das Los auf wen er will überschreiben könne ... Und der andere sagt, er darf das Los auf keinen Fall überschreiben ... Kommt der dritte und sagt, daß er überschreiben *muß*, wenn nicht, kann er sich ein Päckel Zores aufladen ... Kommt noch ein Advokat und sagt: Wenn der Reiche sich von jeder Verantwortung für das Los lossagen würde, wäre das die beste Lösung. Kommt ein anderer und sagt:

Jaaa nicht! Wenn er, der Reiche heißt das, sich vom Los loslöst, dann hängt das Los in der Luft, und *dann* kann er ein rechtes Päckel Zores erleben. Kommt noch ein anderer Advokat und sagt: Löst er sich nicht vom Los, lädt er erst recht ein Päckel Zores auf sich! ... Kommt ein neuer Advokat und sagt eine neue Regel: ›Der Reiche‹, so sagt der, ›soll sich ja lossagen, er wird *so oder so* ein Päckel Zores haben ...‹ Ihr versteht doch, oder nein? Nur mich dünkt, wenn er doch schon ein Päckel Zores auf sich hat, warum, außer daß man ihm alle Minuten den Kopf umdreht, fährt er nebech jede Woche in die große Stadt hinein, unser Reicher, meine ich, von einem Advokaten zum anderen, zahlt Geld und bittet, man möge Mitleid mit ihm haben, solle ihm ein Mittel geben, auf daß er diese Bombe loswerde? Es ist zu Gottes Erbarmen, sag ich Euch, Schimpf und Schande für die Leute. Nimmt man einen Menschen, einen ehrlichen, einen stillen, ruhigen Menschen, der keiner Fliege etwas zuleide tun könnte, und man hängt ihm so eine Bombe an, eine Gefahr für Leib und Leben – wie hat er so eine Bombe verdient? Dafür, daß Leute sich Mühe geben, einem anderen Menschen einen Gefallen zu tun, Ihr versteht doch, oder nein? ... Hättet Ihr mir nicht vielleicht eine Bombe ... tfu! Ich meine, eine Papiross?

Kurz und gut, wo bin ich stehengeblieben? Bei der Bombe, genau, die man dem Reichen angehängt hat ... Ihr wollt doch sicher wissen, was es mit der Bombe auf sich hat? Gar nichts! Die Bombe ist eine Bombe. Zum jetzigen Zeitpunkt hängt sie noch in der Luft ... Der Reiche hetzt jede Woche hin in die große Stadt zu den Advokaten und zurück, die Advokaten nehmen Geld und geben Ratschläge – der eine so, der andere nicht so, und der dritte nicht so und nicht so, sondern genau umgekehrt, wie gewöhnlich ... Was das Ende davon sein wird, weiß nur Gott allein im Himmel, weil ein menschlicher Verstand gar nicht erfassen kann, was dabei herauskommt; wenn die ganze Sache, Gott behüte, vor Gericht kommt, weiß man nicht, wie das endet ... Ihr versteht doch, oder nein? Derweil, wer müht sich ab, liegt flach auf der Erde? Jankev-Jossl! Die ganze Stadt – was sag ich die ganze Stadt –, die ganze Welt hat mit mir zu tun! Viele zeigen auf mich mit dem Finger: ›Da gehen die Fünfundsiebzigtausend!‹ ... Vom Geschäft ist man ausgeschlossen, in der Tasche nicht ein Dreierl, noch ärger als früher; mein Weib schämt sich hinauszugehen auf den Markt: Man ruft sie ›die neue Vornehme‹ ... Mich hat man am ersten Schabbes in der Synagoge mit besonderer Ehrerbietung zum Spenden aufgerufen. Man hat sogar schon eine Rechnung gemacht mit den Fünfundsiebzigtausend, wieviel ich der Stadt geben *muß*, wieviel ich an arme Verwandte verteilen soll, und was ich mit dem tun soll, was übrigbleibt. Der hat gesagt, ich werde ein Geldleiher werden. Der hat gesagt, daß ich sicher mit Brot handeln werde, weil ich doch schon einmal mit Brot gehandelt hätte. Und der hat herausgefunden, daß ich am besten ein Kontor eröffne: Mit einem Kontor, sagt er, mache ich die besten Geschäfte bei uns in der Stadt, weil: Welches Kontor verfügt aufs Mal über Fünfundsiebzigtausend? Bares Geld, meinen sie, richtig bares Geld heißt das! Ihr versteht doch, oder nein? ... Bei uns im Stedtl sind die Leute ungläubig; keiner glaubt, daß jemand bei uns mehr als fünfundzwanzig Rubel Bares sein eigen nennt ... Unser Stedtl, müßt Ihr wissen, ist ein rechtes Stedtl, der Wind weht das nicht so schnell weg! Das ist ein Stedtl, versteht Ihr, von den Stedtelech, nach denen man fragt! Es gibt genug Müßiggänger, die nichts zu tun haben, man geht herum von Schmunim zu Bunim und spricht über die ganze Welt. Hat man selbst keine Geschäfte, spricht man über andere. Man stellt sich auf dem Markt bei der Apotheke hin, bei der ›Börse‹ heißt das, und man spekuliert über anderer Leute Geschäfte. Man hat Angst, daß jemand etwas verdient; und wenn jemand Verluste hat, freut man sich, das tut einem gut ... Jetzt versteht Ihr, was für ein Tumult in der Stadt losging, als man von den Fünfundsiebzigtausend gehört hat? Von jenem Tag an gingen die Mäuler von morgens früh bis abends spät nicht mehr zu. Man witzelt und stichelt. Einer rührt dem andern die Galle, tritt mit den Füßen aufs Herz.

»Warum habt *Ihr* nicht die Fünfundsiebzigtausend gewonnen? Sie hätten sie doch genauso dringend benötigt! ...«

»Und Ihr etwa nicht? Ihr würdet sie ja noch dringender benötigen als ich!«

Um alle anderen Leute zu verdrießen, hat ein Meister-Rechner ausgerechnet, daß ich der größte Reiche in der ganzen Stadt sei.

»Es ist eine einfache Rechnung«, sagt er, Fünfundsiebzigtausend habe ich gewonnen. So sechs-, siebentausend Rubelchen sei meine Wohnung wert. Das gebe ein Kapital von fast fünfundachtzig, da fehle nicht viel zu hunderttausend Rubeln. »Nun, und von einem Menschen, der einhunderttausend Rubel besitzt, kann man, so denke ich, auch ohne weiteres sagen, daß er zwei besitzt, weil, wenn man einen Menschen auf Zweihunderttausend schätzt, besitzt er doch keine Hunderttausend!« Also bin ich, heißt das, ein Mensch mit Zweihunderttausend, das heißt, der reichste Mensch der Stadt. Gibt es überhaupt in der Stadt Leute mit größerem Reichtum als ich? Die Antwort ist: Wie kann man das wissen? Wer war schon bei denen in der Tasche und hat ihr Geld gezählt? Vielleicht sind sie bankrott? Ihr versteht doch, oder nein? ... Den Menschen ist das bis in die Knochen gefahren. Sie konnten nebech nicht umhin, darüber nachzudenken: Wie kommt das, daß ein gewöhnlicher Jude aus unserer Mitte plötzlich und ohne Kopfweh ein Reicher von Fünfundsiebzigtausend wird? Es gibt bei uns einen, einen alten Junggesellen, einen Reichen und Geizigen, da haben ihm Lausbuben einen Boten geschickt, ›Mendel mit dem Bart‹ heißt er, er solle ihm die gute Nachricht überbringen, daß Jankev-Jossl Fünfundsiebzigtausend gewonnen habe; da ist ihm, mögt Ihr von so etwas verschont bleiben, so schlecht geworden, daß man gemeint hat, es sei zu Ende mit ihm! – Er tat einem richtig leid: Mehrere Tage ist er kopflos umhergeirrt. Und jetzt, als er von der Geschichte mit meinem Bruder Hejnech und dem Haken gehört hatte, ist es ihm gleich wieder etwas besser geworden: ›Besser die Tonsur bekommt alles; wozu braucht dieser Jude so viel Geld?‹ ... Ihr versteht doch, oder nein? Ihr meint vielleicht, daß die eigenen Leute einem nichts neiden? Da täuscht Ihr Euch! Wenn sie könnten, würden sie mich in einem Löffel Wasser ertränken! Ihr könnt Euch vorstellen, daß es, wenn ich tatsächlich die Fünfundsiebzigtausend bekommen hätte, ganz anders getönt hätte. Dann hätten alle profitiert, die Eigenen und die Fremden. Nur weil es jetzt eben so gekommen ist, tönt es wieder anders ... Wie zu erwarten war, hat sich die Mischpoche schon neue Beutel genäht ... Bei meinem Bruder Hejnech bekommen sie alles. Er ist ein großer Spender, mein Bruder Hejnech, gesund soll er sein; wenn er erst einmal anfängt, Gaben zu verteilen, dann gibt es was zu sehen. Es kursiert ein Gerücht, daß er der Tochter einer armen Cousine schon zwischen fünfundsechzig- und zweiundsiebzigtausend Rubel zur Hochzeit versprochen habe; und dem alten Vater hat er einen ganzen harten Hunderter versprochen: der alte Vater soll nur wissen, daß sein Sohn die Fünfundsiebzigtausend gewonnen hat. Ihr versteht doch, oder nein? ... Das sind die nahen Verwandten. Und die von weiter weg sind alle aus der ganzen Welt zu mir geströmt, der mit diesem ›Päckel‹ und der andere mit jenem ›Päckel‹. Sie haben angefangen, auf meine Rechnung Unternehmen zu gründen, zu heiraten und Kinder zu bekommen. Einige haben sich sogar scheiden lassen mit der Aussicht, nachher eine bessere Partie machen zu können ... Das waren wenigstens noch Verwandte. Wie sagt man: Durch die Eigenen muß man leiden. Ihr versteht doch, oder nein? Aber von Fremden, von Wildfremden, was bin ich da noch verpflichtet zu tragen? Wie habe ich das verdient? Für wessen Sünde? ... Wenn ich einen Wunsch frei hätte, hört Ihr, wünschte ich denen einen Gewinn von Fünfundsiebzigtausend! Ihr könnt mir wahrhaftig glauben, all die Masel-Tows, die ich von allen Seiten höre, das Anschmeicheln von allen möglichen Schmeichlern, kann ich schon nicht mehr ertragen! Leute, die ich nicht kenne, absolut Unbekannte, kommen zu mir um Rat zu bitten.

»Wir haben gehört«, sagen sie, »von Euch, Reb Jankev-Jossl, wir haben schon lange von Euch gehört, daß Ihr ein kluger Mensch seid. Meint jetzt nicht, das habe etwas mit den Fünfundsiebzigtausend zu tun, womit Gott Euch beglückt hat – Gott behüte! Einfach so sind wir zu Euch gekommen, um ein bißchen frei vom Herzen zu plaudern ...«

Ihr versteht doch, oder nein? Einer ist aus irgendeiner seltsamen Stadt gekommen, ich habe schon vergessen, wie sie hieß, aus irgendeinem fernen Land, wo selbst meines Großvaters Großmutter nie gewesen war. Die Tür geht auf, plötzlich kommt jemand herein, stellt das Gepäck ab.

»Scholem alejchem!«

»Scholem alejchem! Wo kommt Ihr denn her?«

»Aus dem Ausland. Sind Sie Reb Jankev-Jossl?«

»Ich bin Jankev-Jossl. Was bringt Ihr mir Gutes?«

»Ihr seid es also tatsächlich selbst, ich meine, der Jankev-Jossl, der die Fünfundsiebzigtausend gewonnen hat? Ich bin also«, sagt er, »ich bin hergefahren; das heißt, ich war sowieso in der Gegend, da hab ich gehört von der Geschichte mit den Fünfundsiebzigtausend, und da hab ich mir gedacht: fahr ich doch einfach auf einen Tag hin; ich will mit eigenen Augen den Glücklichen sehen, *der die Fünfundsiebzigtausend gewonnen hat.* Es ist ja keine Kleinigkeit, es sind doch *Fünfundsiebzigtausend!! …*«

Ihr versteht doch, oder nein? Geh und erzähl irgendeinem Dahergelaufenen in allen Einzelheiten die Geschichte von Birnbojm, der Menschen verlangt, und vom Bruder, der Hejnech heißt, und vom Haken, und vom Reichen, und von der Bombe, von den Advokaten, von den Geistern und von den bösen Geistern! … Ich sehne mich zurück zu den glücklichen Jahren, nach früher; vor den Fünfundsiebzigtausend, da ging's mir besser als jetzt, nach den Fünfundsiebzigtausend, es war ruhiger! Ich will Euch die Wahrheit sagen: Ich bin schon nicht mehr meines Lebens sicher. Vor kurzem war ich in der großen Stadt, bei den dortigen Advokaten, da hat mich einer überredet, zu ihm zu gehen, auf eine Tasse Tee; ich komme also zu ihm, bei Nacht war das, treffe dort auf noch einen Mann, einen Juden mit einem schönen Bart, der über einem Buch sitzt; er entbietet mir den Gruß, steht auf und raucht eine Papiross, löscht die Lampe, und wir bleiben in der Dunkelheit … Ihr versteht doch, oder nein? Ich würd Euch schon, vielleicht, wenn es nicht schon so spät wäre, und Ihr Euch nicht bald schon beeilen müßtet heimzukommen, auch diese Geschichte erzählen. Und auf dieser Geschichte sitzt noch eine Geschichte, oder wie man sagt: Auf der Blase gibt es noch einen Pickel und auf dem blauen Fleck noch einen Schlag … Ihr versteht doch, oder nein?

Kurz und gut, wo war ich stehengeblieben? Beim Ende der Geschichte. Das Ende, meint Ihr? Das hat noch ein bißchen Zeit, nur keine Eile, das war erst der Anfang.

Was sag ich: der Anfang? Es hat noch nicht einmal richtig angefangen! Und wer ist schuld? Etwa ich allein? Ihr wollt sagen, ich sei schuld? Woran bin ich schuld? Was weiß ich? Ich bin doch auch nur ein Mensch, wie sagt Ihr doch, aus Fleisch und Blut – nur, wenn einem das Unglück beschert ist, was nützt das dann? Was bin ich schuld, wenn, zum Beispiel … Nur langsam … Man darf nicht den Fisch wegen der Nudeln hetzen, ich meine umgekehrt: die Nudeln für den Fisch. Ich erzähle Euch lieber ganz mit der Ruhe, nicht gehetzt, die ganze Geschichte von Anfang an, das heißt, nicht vom Anfang, nur vom *letzten* Anfang, das heißt, von da an, wo Ihr schon meint, es sei das Ende … Jedenfalls, wir hatten also, wenn Ihr Euch daran erinnert, mit Gottes Hilfe, das Los mit Ach und Krach geteilt, das heißt, jedem seinen speziellen Anteil. Gewöhnlich ist das leichter gesagt als getan – wir haben uns beschwatzt, angeschrien, jeder jeden einzelnen.
Die Tonsur fragt, wozu wir Geld bekommen sollten, ich und Birnbojm, wir beide? Und mein Bruder Hejnech meint, ich solle mich auf seinen Gerechtigkeitssinn und seinen guten Willen und auf seinen Verstand verlassen. Und mein Freund Birnbojm schreit, daß er gar nichts wolle – er will nur Menschen, darauf hören, was die Menschen sagen. Ihr versteht doch, oder nein? Dann haben sich die Makler in dieses Geschäft eingemischt, gleich drei aufs Mal. Haben gearbeitet, verteilt – ohne Ende. Wir sind doch so verblieben, Ihr erinnert Euch – was heißt das schon: verblieben? – Wir sind also so verblieben, daß wir uns alle vier zusammenraufen sollen, und in die große Stadt hineinfahren, das Los abheben, das bißchen Münz einkassieren, aufteilen in die verschiedenen Teile, das ist für dich und das für mich, und guten Tag! Ja, wenn das so einfach wäre! Voraussetzung ist, es gibt überhaupt ein Los. Aber was, wenn es gar kein Los gibt? Wie soll es kein Los geben? Ein Los gibt es na-

türlich, doch Ihr erinnert Euch vielleicht, wo es liegt? Irgendwo verscharrt in einer Bank, auf einen fremden Namen, und auf dem Los, versteht sich, liegt, Ihr erinnert Euch, tut mir leid, ein Arrest des Staatsanwalts – geh und hol so ein Los! Was tut man also? Man muß, vor allem, Ihr erinnert Euch, dieses Geschäft zu einem Ende bringen, wenn das Ganze erst einmal zu Ende ist, wird man schon weiter sehen, was zu tun ist. Ihr versteht doch, oder nein? Und wer muß zuerst dieses Geschäft zu einem Ende bringen? Versteht sich, die Tonsur! Die Tonsur aber sagt, wenn Ihr Euch erinnert, man solle ihn zuerst absichern, das heißt, das Los auf seinen Namen überschreiben, dann will er sehen, daß man das Geschäft zu Ende bringen kann. Hat er nicht, so scheint es, auch recht? Wer muß denn das Los auf seinen Namen überschreiben, damit er das Geschäft zu Ende bringen kann? Versteht sich, unser Reicher. Gehen wir also, nehmen wir an, zu unserem Reichen und bitten ihn, er solle so gut sein und das Los überschreiben, so daß man das Geschäft zu einem Ende bringen kann. Und der Reiche bekräftigt seine Haltung, wenn Ihr Euch daran erinnert, und für sich hat er auch recht:
»Was wollt Ihr von mir«, sagt er, »was habt Ihr mir ein fremdes Geschäft angehängt?«
Und wir sagen:
»Da habt Ihr schon recht, nur was sollen wir tun, wenn man ohne Euch das Geschäft nicht zu einem Ende bringen kann?«
Sagt er:
»Und wenn schon, bin ich schuld daran? Ob Ihr das Geschäft zu Ende bringt, oder ob Ihr das Geschäft nicht zu Ende bringt, ist das etwa mein Geschäft?« …
Ihr versteht doch, oder nein? … Hättet Ihr nicht vielleicht ein Geschäft … äh tfu, ich meine, eine Papiross für mich?

Kurz und gut, wo war ich stehengeblieben? Beim Ende des Geschäfts. Ratschläge hier, Ratschläge da: Man beschloß also, vor Gericht zu gehen. Da braucht man natürlich einen Advokaten. Und um einen Advokaten zu befragen, muß man in die Stadt hinein fahren. Und da fängt es schon wieder an: Bei welchem Advokaten soll man fragen? Der sagt, man solle bei dem Advokaten fragen. Und jener sagt, man solle bei jenem Advokaten fragen. Dann fragt man am Schluß bei beiden Advokaten, was soll man anderes tun? Der Advokat sagt genau das Gegenteil von dem, was jener Advokat sagt. Der dritte Advokat sagt weiß Gott was; ist doch bitter: geht man also zum vierten Advokaten ... Kurz, muß ich Euch erzählen, was Advokaten sind? Advokaten und Doktoren, das ist ein und derselbe Teufel; Advokaten und Doktoren wurden nur dafür geschaffen, um einander zu widersprechen ...
Wenn ein Advokat sagt, daß wir alle vier die Bank und den Reichen verklagen sollen, weil sie uns das Los nicht herausgeben wollen, scheint das doch ein gerechter Gedanke zu sein, nicht? Kommt ein anderer Advokat und sagt, daß nur zwei die Klage eingeben dürfen, ich und Birnbojm, wir beide also und nur gegen den Reichen allein, weil er die Bank nicht beauftragen will, uns das Los zu übergeben. Scheint auch nicht falsch zu sein, was meint Ihr? Da sagt aber der dritte Advokat, was ich denn mit der Bank zu tun hätte? Kennt die Bank mich? Hat sie etwa mit mir einen Handel abgeschlossen? Birnbojm soll die Klage alleine einreichen, und nicht gegen die Bank, sondern nur gegen den Reichen, denn was kann die Bank dafür, daß Birnbojm der Bank den Auftrag gegeben hat, das Los von seinem Konto auf das Konto des Reichen zu übertragen? Das tönt doch vernünftig, oder? Kommt noch ein Advokat und besteht darauf, daß weder ich noch Birnbojm die Klage einreichen sollten; die Klage sollte nur von der

Tonsur und von meinem Bruder eingereicht werden, von Hejnech, heißt das. Dünkt einen auch ganz folgerichtig, oder? Kommt noch ein Advokat, und der kommt auf eine ganz neue Erfindung: Gar niemand soll klagen, sagt er. Weshalb hat die Bank das Los auf des Reichen Namen überhaupt angenommen? Birnbojm hat es gebracht. Woher hat Birnbojm das Los? Von Jankev-Jossl, das heißt also, von mir. Und woher habe ich das Los? Von meinem Bruder Hejnech. Und von wem hat mein Bruder Hejnech das Los? Entliehen, das heißt gekauft von der Tonsur. Er sagt: gekauft, die Tonsur sagt: entliehen, spielt das jetzt eine Rolle? Was macht das schon aus, das ist sowieso hinfällig. Deswegen soll die Tonsur das Los von meinem Bruder Hejnech einfordern, mein Bruder Hejnech bei mir, ich bei Birnbojm, und Birnbojm bei wem? Birnbojm bei der Bank. Aha, wenn die Bank argumentiert, sie kenne keinen Birnbojm, dann kennt sie doch den Reichen? Laß also Birnbojm beim Reichen das Los einfordern und den Reichen bei der Bank. Aha, der Reiche hat vielleicht Angst, wie? Vielleicht verklagt man ihn? Man muß also folgendes unternehmen: Birnbojm soll dem Reichen einen Zettel, ich meine, eine Quittung geben, ich soll dem Birnbojm, mein Bruder Hejnech mir, und die Tonsur meinem Bruder, dem Hejnech, heißt das. Nu, wie gefällt Euch der Einfall? Was könnte gerechter sein? Da findet sich aber noch ein Advokat, ein Weiser, und fragt spitzfindig: Moment, scha, still, woher wissen wir denn, fragt er, daß die Reihe mit dem Los bei der Tonsur aufhört? Angenommen, auf dem Dachboden sitzt noch eine Seele, die morgen aufstehen wird, schriftliche Beweise vorbringen wird, und sagt: ›Das Los gehört mir! Kinder, wo ist mein Los?!‹ Was wird dann wohl sein? Er wird nicht auf das Los klagen, sondern auf Fünfundsiebzigtausend! Bei wem? Bei keinem andern als beim Reichen! Aha, der Reiche hat einen Zettel vom Birn-

bojm, Birnbojm von mir, ich von meinem Bruder Hejnech und mein Bruder Hejnech von der Tonsur? Laß den Reichen gehen und gegen Birnbojm klagen, Birnbojm klagt gegen mich, ich gegen meinen Bruder Hejnech und mein Bruder gegen die Tonsur – genau dasselbe wie mit dem Chad-gadioh*: das Lämmchen das Kätzchen, das Kätzchen das Hündchen, das Hündchen das Stöcklein, das Stöcklein das Feuerchen, das Feuerchen das Wässerchen, das Wässerchen das Öchslein, das Öchslein den Schlächter – Ihr versteht doch, oder nein? ... Es sieht schon wieder schlecht aus! Was soll man tun? Man muß zu einem neuen Advokaten gehen, zu Kopernikus selbst, und von Kopernikus** zu einem noch größeren Advokaten, zum ›goldenen Weisen‹. Was soll's, wir haben keine weiteren Advokaten hinzugezogen, wir haben uns mit den hiesigen Advokaten den Kopf so sehr veradvokatet, daß man, wo wir auch waren, nur hörte: Advokaten und Advokaten und Advokaten ... Habt Ihr nicht vielleicht einen Advokaten ... äh tfu, ich meine, eine Papiross bei Euch?
Kurz und gut, wo war ich stehengeblieben? Bei den Advokaten. Gott hat geholfen, und die Advokaten haben Rat gewußt – immer noch Advokaten! Und was ist der Rat? Ich und Birnbojm, das heißt wir beide, sollen trotz allem, vor allen andern Beteiligten, ein Papier aufsetzen, bei einem Notar meine ich, daß wir also überhaupt ganz und gar nichts zu tun hätten mit dem Los,

* auch Chad Gadja (›ein Zicklein‹) – aramäisches Volkslied, das an Pessach gesungen wird; Übersetzung in »Des Knaben Wunderhorn«. (Der Schlächter sollte das Öchslein stechen, das Öchslein sollte das Wässerchen trinken, das Wässerchen sollte das Feuerchen löschen, das Feuerchen sollte das Stöcklein brennen usw.)

** Gemeint ist der berühmte Kiewer Advokat und Publizist L. A. Kupernik (1845–1905).

und daß das eben erwähnte Los mir von meinem Bruder Hejnech zugeschickt worden sei, und daß er es von der Tonsur bekommen, das heißt gekauft habe, um es zu versetzen, und ich habe es bei Birnbojm versetzt und darauf zweihundert Rubelchen aufgenommen – genau so, wie es eben war, das heißt, die echte, die reine, ehrliche Wahrheit! Dünkt einen doch ganz einfach, ohne Flunkerei, ohne Tricks und Hintergedanken – was kann besser sein als die Wahrheit? Ist aber keiner früher darauf gekommen, Ihr versteht doch, oder nein? Nur scha, still, einen Moment, Ihr seid noch nicht fertig. Soll das heißen, wir sollen, ich und Birnbojm, ich meine: wir beide, heißt das, wir sollen uns selbst geißeln? Und was ist mit unserem Anteil? Was können wir tun, wenn man uns dann sagt: ›Ihr könnt uns …‹ Sollen wir uns auf die Aufrichtigkeit meines Bruders verlassen und auf das Gelübde der Tonsur? Gut, wir haben es mit ihnen festgeschrieben und auf unsere Gesundheit getrunken! Warme Luft! Ein Bogen Papier kostet einen Groschen, und auf die Gesundheit kann man jeden Tag trinken, auch wenn es nur Branntwein gibt. Was wollen wir denn, ich und Birnbojm, wir beide, meine ich? Eine Sicherheit: man soll uns das garantieren, *was uns zusteht* … Ihr versteht doch, oder nein? Da hat die Chassene erst richtig begonnen:

»Sicherheiten? Wofür soll man denen garantieren? Es ist schon genug, daß sie umsonst Geld bekommen, und jetzt wollen sie auch noch Sicherheiten!«

Das ist uns dann doch zu Herzen gegangen:

»So ist das, das haben wir also von unserer Ehrlichkeit, daß wir noch beschimpft werden! – Wir haben Euch schon genug des Guten getan – wir hätten ja die ganzen Fünfundsiebzigtausend einstreichen können, und es hätte kein Hahn danach gekräht – und Ihr habt noch Ansprüche!?« …

»Das heißt, man soll Euch noch dankbar sein dafür, Euch loben und in die Backe kneifen?« …
So sprach mein Bruder, Hejnech heißt das. Das hat mich dann doch verdrossen! Ein Wort gibt das andere, pitsch-patsch, wie es halt so geht zwischen Brüdern … Kurz, wir waren so weit, daß man uns eine Sicherheit gegeben hätte. Was für eine Sicherheit? Eine Quittung? – Eine Quittung ist wie eine baufällige Laubhütte. Ein Wechsel? Wechsel sind eine Sünde. Was dann? Bares Geld, wie meine Großmutter, sie ruhe in Frieden, pflegte zu sagen: »Dos beste Milchiges is a Schtikel Fleisch.« Wo kriegt man denn Bargeld her, in der heutigen Zeit, wo keiner mehr Bargeld hat? Es gibt schon Geld, eine ganze Menge, nur bei den Brodskys.
»Das sind alles leere Worte! Bis man mir keine Sicherheiten bringt, werde ich nicht unterschreiben!« sagte Birnbojm.
»Was für eine Sicherheit?«
»Was für eine Sicherheit Ihr mir geben wollt, Hauptsache so eine Sicherheit, daß sich nachher niemand über mich lustig machen kann, wenn schon Jankev-Jossl so ein Trampel war.« Ihr versteht doch, oder nein? … Doch damit nicht genug. Mein lieber Freund, Birnbojm, meine ich, hat einfach wieder mit der alten Geschichte angefangen:
»*Menschen!*« … Weil er jetzt, sagt er, etwas unterschreiben solle, eine Quittung, das heißt auf ewig, darum wolle er, daß man sich nur auf die Menschen verlassen soll, was die Menschen sagen werden, das soll sein.
»Schon wieder Menschen?« sag ich. »Hört denn das nie auf – was sollen da die Menschen?«
»Versteht mich recht«, sagt er, Birnbojm meine ich, »ich will, daß man die Menschen fragt. Plötzlich finden die Menschen heraus, daß mir gar nichts zusteht – warum sollte ich umsonst Geld nehmen?« … Ihr versteht doch, oder nein? …

Ich schreie: *»Sicherheiten!«*
Und er besteht auf: *»Menschen!«*
»Die Sicherheiten«, sagt er, »kommen *nachher*; zuerst wollen wir die *Menschen* fragen.«
»Kommt Ihr schon wieder mit Euren Menschen? Es menschelt mir schon im Kopf von Euren Menschen! Besser ist immer noch eine Sicherheit«, sag ich, »eine Sicherheit ist wichtiger.« …
Kurz und gut. Wo war ich stehengeblieben? Bei den Sicherheiten. Man hat uns also, das könnt Ihr Euch denken, abgesichert, einen mit dem andern verbunden, wie es sich gehört, hat alles mit allen Parteien schriftlich festgehalten, sogar beim Notar, und man hat alle Papiere dort eingegeben, wo sie hingehören, und man hat angefangen, zu den Advokaten zu gehen, Papiere zu schreiben, so ein Papier und so ein Papier, jeden Montag und Dienstag in die große Stadt zu hetzen, Spesen zu bezahlen, Steuern, mit Wanzen zu schlafen, Hauptsache, es heißt ›Hotel‹ (eine Herberge schickt sich nicht!), Portionen von gebratenen Küchenschaben zu essen, Hauptsache, es heißt ›Braten‹ (Pferdefleisch schickt sich nicht!), zu schwitzen wie im Schwitzbad, in der Sonne zu braten, das Pflaster zu schleifen, taub und blöd vom Klopfen und vom Lärmen und vom Hu-Ha. Und wozu das alles? Das große Glück ist über uns hereingebrochen: Fünfundsiebzigtausend! Soll werden, was will, laß es nur bald zu Ende sein! Wie sagt doch mein Weib, lang soll sie leben:
»Ein kupferner Groschen in Wahrheit ist besser als eine goldene Münze im Traum! Deine Fünfundsiebzigtausend haben mir schon fünfundsiebzigtausend Löcher ins Herz gebohrt. Ich gönne dir alle Ehren, doch wozu brauche ich sie?« …
»Ach, du bist eben ein Weib«, sag ich, »und ein Weib bleibt ein Weib.« …

So sprech ich also zu ihr, und fühlen tu ich, daß sie recht hat. Was hab ich davon, auf den Markt kann ich damit nicht! Ich kann mir dort sowieso nur Feinde kaufen: Der eine beneidet mich einfach, der andere vergönnt es mir nicht, hat Angst, daß ich plötzlich Geld nähme. ›Für was bekommt der Jankev-Jossl so viel Geld?‹ Ihr versteht doch, oder nein? ... Was denkt Ihr, wieviel Blut einem da abgezapft wird, bis man endlich die wohltuenden Worte hören kann, das Geschäft sei endlich abgewickelt, zu Ende! Und die Augen sind schon genug herausgekrochen, bis man es endlich erlebt, das Los zu sehen in einer guten Stunde, einer glücklichen Stunde! Ihr denkt wohl, wir hätten das Los einfach so zu Gesicht bekommen? Immer mit der Ruhe, nur nicht gehetzt! Zuerst mußte einfach die Zeit vergehen, der Monat heißt das, doch dann gibt es immer einen, der nicht zufrieden ist mit dem Gericht. In diesem Monat weiß ich nicht mehr, ob ich überhaupt eine Nacht geschlafen habe. Ich träumte solche wild-meschuggene Träume, daß ich oft aufgeschreckt bin, Ihr versteht doch, oder nein, mitten in der Nacht. Ich schreie mit einer fremden Stimme:

»Zipojre, ich fliege!« ...

»Wohin fliegst du?« sagt sie zu mir. »Was für ein Fliegen? Spei drei Mal aus und erzähl mir, was sich dir geträumt hat!«

»Es hat sich mir geträumt«, sag ich. »Ein schöner Traum! Es hat sich mir geträumt, daß ich Flügel habe und fliege, und hinter mir fliegen wilde Geschöpfe, eigenartig beschaffen, Schlangen und Eidechsen, und sie wollen mich vernichten ...«

Das war das eine Mal. Das andere Mal hat sich mir geträumt, daß ich auf einem Sack sitze, einem großen, aufgeblasenen Sack. Der Sack ist aus Gummi, rot, und auf der Seite steht in großen Ziffern: 75 000 ... Es ist Schabbes, Bettag, Sommerzeit, Ihr versteht doch, oder nein, die

ganze Stadt, alle Männer und Frauen gehen spazieren, stehen herum und gucken mich an … Plötzlich: Trrrach! Man hört einen Knall: Der Gummisack ist geplatzt, und ich falle, falle mit dem Schrei: »Zipojre, geplatzt!«
»Gott sei mit dir! Wer? Wer ist geplatzt? Sollen die Feinde platzen!« …
So spricht zu mir mein Weib und weckt mich aus dem Schlaf, und deutet mir den Traum zum Guten, wie es die Weiber gewöhnlich tun.
Kurz und gut, wo war ich stehengeblieben? Da, wo wir das Los abholen sollten. Als wir soweit waren, das Los abzuholen, hat ein neues Geschäft begonnen: Wer soll da hingehen? Jeder einzelne ist sich seiner selbst sicher, doch den andern ist man im Grunde genommen zu nichts verpflichtet – es ist eine zu große Versuchung. *Es sind doch immerhin fünfundsiebzigtausend Rubel!* Ihr versteht doch, oder nein? … Darum sind wir so verblieben, ich glaube *dir* nicht, du glaubst *mir* nicht: Gehen wir am besten alle zusammen! Das heißt, was heißt alle zusammen? Eine Person mal zehn. Woher kommen die zehn Personen? Wenn Ihr es ausrechnet, werdet Ihr sehen: Ich bin einer, Birnbojm ist zwei, die Tonsur ist drei, mein Bruder, Hejnech meine ich, ist vier, drei Advokaten (einer von der Seite der Tonsur, einer von meines Bruders Seite, ein Taraschtscher Advokat, und einer von meiner und Birnbojms Seite, ein tscherkassischer Advokat), da habt Ihr schon ohne den bösen Blick sieben Personen; dann kommen noch die drei Makler dazu, die sich so ins Zeug gelegt hatten, um uns auszugleichen, da habt Ihr schon die genau zehn Personen, einen Minjen* nennt man das. Zu Beginn war es schon unangenehm; mein Bruder, Hejnech meine ich, hat sich gedreht und gewunden, weil es da so viele

* Zehn Männer (braucht es, um einen Gottesdienst abzuhalten)

Menschen gab, eine ganze Horde! »Es wäre, könnte man denken, schon genug gewesen«, sagt er, »wenn man zu zweit gegangen wäre.« Er mit der Tonsur, meinte er. Es paßt ihm offensichtlich nicht, daß sich niemand auf seine Aufrichtigkeit und auf das Gelübde der Tonsur verlassen will. Das hat ihm aber nicht mehr geholfen als der letztjährige Schnee, weil ja jeder seine Ansprüche hatte, und jeder hatte für sich recht. Ich zum Beispiel habe bewiesen, daß ich gehen muß, weil ich ein Bruder bin; nicht wegen der Ehre, sondern deshalb, weil ein Bruder den anderen reinlegen kann; was kann ich nachher tun? Mich über ihn bei Gott beklagen? Er ist doch ein Bruder! …

Und mein Birnbojm hat argumentiert, daß, wenn der eigene Bruder einem nicht vertraut, wie kann er, ein Wildfremder, sich in Sachen Ehrlichkeit auf Wunder verlassen! Er sei auch schon so, sagt er, zurückhaltend genug … Und man kann nicht sagen, er hätte ganz unrecht … Den drei Advokaten kann man nicht absprechen, daß sie dabeisein *müssen,* weil man sie noch brauchen wird, zum Schreiben und Schreiben und Schreiben … Bleiben noch die Makler, die sagen, daß sie auch gehen müßten, und zwar alle drei, weil sie, wie sie sagen, schon geschlagene Hunde seien, erfahrene Menschen heißt das; sie hätten, so sagen sie, eine gute Schule durchlaufen, sie hätten einen Kurs an der Jehupezer* Börse besucht und wüßten, was das ist: Maklergeld, ›Courtage‹ heiße das. Das sei so Geld wie eine versprochene Mitgift, das man, so sagen sie, nach den ersten Scherben zur Verlobung bekommen solle. Ihr versteht doch, oder nein? …

Abgesprochen haben wir nur, daß wir wenigstens nicht alle aufs Mal, sondern einzeln hingehen sollten; doch weil jeder der erste sein wollte, waren wir alle

* Spitzname für Kiew

schon beim ersten Morgenlicht bei der Bank und mußten eine hübsches Weilchen auf der Straße herumstehen, bis man uns die Türen geöffnet hat, und wir alle hineingingen, um das Los abzuholen. Nun, ich denke, ich kann es mir ersparen zu erklären, was eine Bank ist. Eine Bank mag sich nicht hetzen – sie hat Zeit. Was kümmert sie das Los, Jankev-Jossl, die Fünfundsiebzigtausend, Tonsuren, Hejnechs, Birnbojms, Makler nebech, die verdienen wollen, und überhaupt Menschen? Was weiß ich – das rührt bei denen nicht einmal die linke Peje*! Der eine raucht eine Papiross, der schwatzt, der trinkt ein Glas Tee, der spitzt einen Bleistift, der liest eine Zeitung, die Nase tief tief drin und würde nicht einmal den Kopf heben, sogar wenn ihn eine Krankheit befiele! Wir drehen uns hin und her, wir gähnen, husten, wir wollten endlich die Minute erleben, den Moment – doch der Buchhalter ist noch nicht da. Als der Buchhalter gekommen war, fehlte der Kassier. Als der Kassier gekommen war, fehlte der Direktor. Wo ist der Direktor? Er schläft noch! Der Hausherr der Bank liegt noch und schläft! Was kümmern ihn die Lose, die Jankev-Jossls, die Fünfundsiebzigtausend, die Tonsuren, die Hejnechs, die Birnbojms, die Makler nebech, die verdienen wollen, und überhaupt die Menschen? Wieviel Gehalt wird er wohl bekommen, so ein Direktor? Vielleicht sechstausend Rubel, und vielleicht sogar acht-, und warum nicht gleich alle zehntausend? Arbeitet er etwa hart, der Arme? … Ich würde die Arbeit für die Hälfte, was sag ich, für ein Drittel machen und noch mehr und ehrlicher arbeiten als er! … So steh ich also bei der Geschichte und überlege, und vielleicht hab ich mir bei der Geschichte gar nichts überlegt, Ihr versteht doch, oder nein? …

* Pejes – die Schläfenlocken der orthodoxen Juden

In der Zwischenzeit ist der Direktor gekommen. Der Direktor ist gekommen, und wir haben uns alle aufs Mal auf ihn gestürzt. Da ist er zusammengefahren und hat abgewinkt. Da sind nur die Advokaten auf ihn zugegangen, alle drei heißt das, und die Tonsur, und sie haben ihm die Papiere ausgehändigt, Ihr versteht doch, oder nein? ... Da hat sich der Direktor mit den Papieren bei sich eingeschlossen, und wir mußten warten und warten, warten und warten; so lang und so breit, bis wir ausgewartet hatten: Der Direktor kam mit irgendeinem dicken Gutsbesitzer heraus und hat sich vor uns aufgestellt, Ihr entschuldigt, mit dem Hintern, red't und red't immer weiter. Was kümmern ihn die Lose, die Jankev-Jossls, die Fünfundsiebzigtausend, die Tonsuren, die Hejnechs, die Birnbojms, die Makler nebech, die verdienen wollen, und überhaupt die Menschen? ... Plötzlich dreht er sich uns zu mit dem Gesicht: »*Waschi bumagi gatowi. Stupajtje w kassu.*« Schon fertig, heißt das, Eure Papiere, geht zur Kasse ... Hätte er das nicht früher sagen können, Ihr versteht doch, oder nein? ... Als wir die Papiere genommen hatten, haben wir uns auf den Kassier gestürzt und ihm die Papiere ausgehändigt. Wenn Ihr jetzt meint, wir seien schon fertig, am Ende – Wer? Was? Es hat noch gar nicht angefangen! Der Kassier ist beschäftigt, er zählt Geld, Papierchen, Hunderter und Fünfhunderter, wie Mist, und Gold, Gold, ganze Berge, der ganze Tisch voll! Wieviel Geld ist da wohl? Weh mir, wenn ich nur wenigstens ein Zehntel von dem hätte, dann würde ich über das ganze Los nur lachen! ... So steh ich also bei der Geschichte und überlege, und vielleicht hab ich mir bei der Geschichte gar nichts überlegt. Und er, der Kassier meine ich, hört auf mit dem Geldzählen; soll uns doch wenigstens einen Blick schenken! Was kümmert ihn schon das Los, Jankev-Jossl, die Fünfundsiebzigtausend, Tonsuren, Hejnechs, Birnbojms, Makler nebech, die verdienen wollen, und überhaupt Menschen? ... Das Gold fließt ihm durch die Hände, fließt mit einem eigenartigen Klang, mit einem Klang von Gold. »Ein Goldener Klang«, Ihr versteht doch, oder nein? ...

Kurz und gut, wo war ich stehengeblieben? Bei dem bißchen Gold. Als er das Gold fertig gezählt hatte, hebt er die Brille zu uns auf, nimmt die Papiere und mischt sie, wie man Geld zählt, wie Hunderternoten, mit dem typischen Schnalzen der Finger. Dann öffnet er eine Schublade und zieht ein ganz großes Paket hervor; er nimmt ein Couvert, reißt es auf, nimmt das Los heraus, das echte Los also, und fragt: »Wer nimmt es?« ... Zehn Paar Hände schnellen aufs Mal auf ihn zu. »Nein!« ruft der Kassier. »So vielen Händen kann ich das Los nicht geben. Wählt einen aus eurer Gesellschaft aus!« ... Da haben wir, Ihr versteht doch, oder nein, einen aus unserer Gesellschaft ausgewählt, den ältesten der drei Advokaten. Der älteste der drei Advokaten hat das Los vorsichtig in beide Hände genommen, wie man ein Kind vor der Beschneidung trägt, hat es zuerst zur Tonsur gebracht, dann zu meinem Bruder, Hejnech meine ich, nachher zu mir und zu Birnbojm, zu uns beiden, meine ich, und wir sollten sehen, ob es das besagte Los sei oder nicht. Die Tonsur sagte, er habe es schon von weitem in den Händen des Kassiers erkannt, es habe, sagt er, ein gutes Zeichen auf sich. Was für ein Zeichen, will er nicht sagen ... Und mein Bruder, Hejnech meine ich, schwor bei allem, was ihm teuer ist, daß, wenn man ihn zum Beispiel um zwei Uhr nachts aufwecken würde, und ihm das besagte Los bringen würde, er es mit einem Blick erkennen würde! Ihr versteht doch, oder nein? ... Und ich und Birnbojm, ich meine wir beide, haben das Los eigentlich nicht erkannt, warum soll ich etwas sagen, was nicht wahr ist? Wir haben nur gut die Serie mit der Nummer 12 betrachtet; das ist doch die Hauptsache, was denkt Ihr, he?

Und wir sind von dort gleich zur staatlichen Bank gegangen, um den Losgewinn abzuholen, um abzurahmen, heißt das, die Fünfundsiebzigtausend. Wir sind alle miteinander gegangen, und sogar zu Fuß, obwohl es dorthin bergauf geht. Der älteste der Advokaten hat das Los hochgehalten, mit beiden Händen, damit er es ja nicht verliere, oder man solle von ihm, Gott behüte, nicht denken, daß er damit irgendeinen Trick vollführen wolle, um es auszutauschen … Das ist so eine Geschichte, mit so einem Unglückslos, Ihr versteht doch, oder nein? … Und wir sind schon nicht mehr zu zehnt gegangen. Wir waren schon mehr als zwanzig. Von wo sind, ohne bösen Blick, so viele Menschen gekommen? Ich will es Euch sagen: Vor allem waren ganz einfach gute Bekannte aus meinem Stedtl genau an diesem Tag in der großen Stadt, und als sie sahen, daß wir schon mit dem Los in die staatliche Bank gehen, um die Fünfundsiebzigtausend abzuheben, haben sie uns ein bißchen begleitet, um mitzuerleben, wie man so einen großen Gewinn abholt, was man ja nicht alle Tage zu sehen bekommt.

Kurz, was soll man sich dabei denken, wir hatten ein schönes Gefolge und ein schönes Willkommen in der staatlichen Bank. Der Gefreite, der bei der Tür steht, ist doch ein bißchen erschrocken, als er vor sich, ohne abergläubisch zu sein, so viele Juden mit einer Tonsur in ihrer Mitte sah. Deswegen hat er uns ganz höflich und fein aufgenommen und jeden einzeln in die Bank hereingebeten. Als wir das Los gezeigt haben, wo man es zeigen muß, und gesagt haben, was wir wollen, hat man uns zu einem Beamten mit einer weiß glänzenden Glatze, wie ein milchiger Teller, geführt, und man hat ihm unser Los überreicht und ihm etwas gesagt, was – weiß ich nicht. Der mit der Glatze, der auf der anderen Seite des Gitters saß, hat die Augen gehoben, einen scharfen, strengen Blick durch die Brille auf uns geworfen, und hat mit der Arbeit fortgefahren: Er hielt in der Hand ein scharfes Messerchen, Ihr versteht doch, oder nein, und hat mit dem Messerchen in einem Buch gekratzt, gekratzt und gekratzt, ohne Ende. Er kratzt, und wir stehen uns die Füße wund und schauen, wie er kratzt, und das ganze übrige Volk steht und schaut auf uns, betrachtet uns von Kopf bis Fuß, und er, der Beamte mit der Glatze, hört nicht auf zu kratzen, und ringsherum an den Tischen sitzen andere Beamte und zählen Geld. Aber wieviel Geld denkt Ihr? Wie Spreu, wie Mist! Gold, ganze Haufen! Der Kopf dreht sich mir, der »goldene Klang« dröhnt mir in den Ohren, und blendet die Augen!

›Wer hat sich das ausgedacht‹, dachte ich, ›mit dem Geld, wo doch die Menschen sich darob plagen, den Kopf gegen die Wand schlagen, und einer den anderen bei lebendigem Leibe verschlingen möchte. Kein Bruder nicht, keine Schwester nicht, kein Vater nicht, kein Kind nicht, kein Nachbar nicht, kein guter Freund nicht – nichts ist einem teuer auf der Welt, nur Geld und Geld und Geld!‹ ... So hab ich mir überlegt, und vielleicht hab ich mir bei der Geschichte gar nichts überlegt, Ihr versteht doch, oder nein? ... Und er, der Beamte heißt das, hört nicht auf zu kratzen, was kümmert ihn das Los, Jankev-Jossl, die Fünfundsiebzigtausend, Tonsuren, Hejnechs, Birnbojms, Makler nebech, die verdienen wollen, und überhaupt Menschen? ... Doch alles auf der Welt hat ein Ende; Gott hat Mitleid gehabt, der Beamte hat aufgehört zu kratzen, hat das scharfe Messerchen zusammengelegt und ins Gilettäschchen gesteckt, hat ein schneeweißes Taschentuch hervorgezogen, die Nase gut ausgeschneuzt, wie es sich gehört. Dann hat er das Los genommen, so einfach, wie man einen Bogen Papier für einen Groschen nimmt, hat irgendein Buch geöffnet, und geschaut, geschaut, ein Blick ins Buch und ein Blick auf das Los, ein Blick auf

das Los und ein Blick in das Buch. ›Er hat, so scheint es, Angst, dieser Weise, daß das Los gefälscht sein könnte.‹ … So dachte ich bei mir. ›Kratz-kratz‹, dachte ich, ›Schmeck-schmeck! Es ist ein ehrliches Los nebech, kein falsches.‹ …
Plötzlich seh ich, wie er das Los nimmt und es uns mit folgenden Worten beinahe ins Gesicht schmeißt (ich höre sie noch, als ob es heute wäre):
»Wer hat euch gesagt, daß dieses Los die Fünfundsiebzigtausend gewonnen habe?« …
Ihr versteht doch, oder nein? *Wer es uns gesagt hat???* Wie gefällt Euch so eine Frage?!
»Was heißt«, sagen wir, »wer hat uns gesagt? Das Los selbst hat uns gesagt, daß es die Fünfundsiebzigtausend gewonnen hat; die Serie 2289, Nummer 12!«
»Ja«, macht er zu uns, ganz ernst, »das stimmt, die Serie Nummer 2289, Nummer 12 hat tatsächlich die Fünfundsiebzigtausend gewonnen, doch Euer Los ist 2298, Nummer 12, ein kleines Irrtümchen, *malenkaja aschybotschka* …«
Gefällt Euch die Wendung? Nun, was soll ich Euch da noch sagen? Ehrlich, als er uns diese Wörter gesagt hatte, waren wir alle verwirrt. Wir haben überlegt: entweder ist *er* verrückt geworden, oder *wir* sind verrückt geworden, oder wir träumen. Und wir haben uns gegenseitig angeschaut. Dann haben wir uns besonnen, einen Blick auf das Los zu werfen. Ja, so wahr wir hier stehen! Serie 2298, Nummer 12! Ihr versteht doch, oder nein? …
Was soll ich Euch weiter erzählen, lieber Freund? Ich bin nicht imstande, Euch auch nur ein Zehntel von dem wiederzugeben, Ihr wärt nicht imstande das zu beschreiben, und keiner wäre imstande, sich das Bild vorzustellen, das Gemälde, das sich damals in der Bank geboten hat; wir sind alle sprachlos stehengeblieben, haben einer den anderen angeschaut. Die Gesichter

waren gezeichnet – was soll ich Euch sagen? Es waren gar keine menschlichen Gesichter mehr, Ihr versteht doch, oder nein, es waren Tiere, wilde Tiere waren das, eine Art Menschen, das heißt wilde Tiere in Menschengestalt. Der eine hätte den anderen umgebracht, wenn er ihn mit einem Blick hätte umbringen können, mit den Augen! Man denke sich, was ist denn geschehen? Was hat man euch denn angetan? Habt ihr von den Fünfundsiebzigtausend geträumt? Na, und wennschon, muß man sich deswegen das Leben nehmen? Hat denn das Leben keine Würde mehr, außer dem Geld? Meschuggene, Ihr versteht doch, oder nein? … Keiner hat mich so verdrossen, hört Ihr, wie mein Freund, Birnbojm meine ich. Die anderen haben sich wenigstens gerechtfertigt, die Schuld auf die anderen gewälzt, die Tonsur hat alles auf meinen Bruder Hejnech geschoben, und mein Bruder Hejnech hat gesagt, man könne ihn unter Eid fragen, er hätte nicht einmal geträumt von keinen Fünfundsiebzigtausend nicht, und er hätte von nichts keine Ahnung gehabt, wenn ich, Jankev-Jossl heißt das, ihm nicht eine Depesche mit einem Masel-Tow geschickt hätte, Ihr versteht doch, oder nein?
»Schön hast du«, sagt er, »in die Zeitung geschaut!« …
»Warum hast du nicht geschaut?« sag ich.
»Du warst«, sagt er, »der wahre Anstifter, bei dir war«, sagt er, »das Los, du bist« sagt er, »der wahre Besitzer!« …
Hört Ihr die Geschichte? Früher, als es noch um die Fünfundsiebzigtausend ging, wollte man mich ganz verleugnen, und jetzt, als alles zerronnen ist, bin ich schon *der wahre Besitzer*. Ihr versteht doch, oder nein? Von mir aus. Ich, Jankev-Jossl, das Kaporehindl, das Opferhuhn, nehme auf mich die ganze Schuld. »Laßt mich die ganze Schuld tragen! Aj, wo waren denn eure Augen, Dummköpfe? Ihr habt doch genauso wie ich neunzehn Mal die Papiere gesehen und die Quittungen und

die Sicherheiten, wo geschrieben steht: Serie 2298, Nummer 12. Und gewonnen hat doch die Serie 2289, Nummer 12? Warum ist euch nicht eingefallen, einen Blick darauf zu werfen, ob die 9 nicht vor der 8 steht? Und als das Los schon bei euch in den Händen war, könnte man denken, ihr hättet doch noch einen Blick auf die Tabelle werfen können, welche Serie die Fünfundsiebzigtausend gewonnen hat: die Serie 2298 oder die Serie 2289? Ihr wart nicht zu faul, als ganze Horde die Bank zu stürmen – und, was ist? Habt ihr gedacht, so komme man zu Geld?« ... Ihr versteht doch, oder nein? ...

Doch keiner hat mich so erbost wie mein Freund, den Birnbojm meine ich. Ihr hättet ihn sehen sollen, wie er auf der Seite gestanden ist, wie ein Wildfremder, als ob ihn das alles gar nichts angehe. Eben erst, denkt Euch, hatte er uns das Leben schwergemacht: Menschen! Menschen! Er wolle sich auf Menschen verlassen! Und jetzt steht er wie ein koscheres Lämmchen nebech, das nur Gott die Seele schuldet! ... Das hab ich mir, Ihr versteht doch, oder nein, schon zu Herzen genommen. Und ich habe mir überlegt, laß mich wenigstens das Herz erleichtern für das Blut, das er mir damals abgezapft hat, am zweiten Mai, wenn Ihr Euch erinnert, als ich vor ihm gestanden bin und gebeten habe, wie von einem Räuber, er möge mir das Los herausgeben.

»Panje Birnbojm!« rufe ich ihm zu. »Jetzt habt Ihr Zeit, Euch auf die Menschen zu verlassen; da stehen Menschen in der Bank, keine Angst vor dem bösen Blick, eine ganze Menge! Was schweigt Ihr? Wollt Ihr schon keine Menschen mehr? *Aus* mit den Menschen?« ...

Das ganze Volk ist gestanden, Ihr versteht doch, oder nein, und hat sich gefreut. Worüber man sich gefreut hat, kann ich Euch nicht sagen: Ob sie sich gefreut haben, weil ich meinen Freund, Birnbojm meine ich, an die Menschen erinnert habe? Oder waren die Leute einfach gut aufgelegt, weil die Fünfundsiebzigtausend zerronnen sind? Ich kann Euch sagen, ob Ihr versteht oder nicht, und ich kann schwören auf was Ihr wollt, daß mich das Geld nicht betrübt – laß es im Feuer verbrennen! Mich ärgert nur, daß, *als man nur gemeint hat,* daß Jankev-Jossl Fünfundsiebzigtausend habe, Jankev-Jossl ›Reb Jankev-Jossl‹ war; und jetzt, wo man gemerkt hat, daß Jankev-Jossl, ich bitte um Entschuldigung, nichts hat, keine Fünfundsiebzigtausend also, ist Schluß, kein ›Reb Jankev-Jossl‹ mehr! … Hab ich ihren Eltern die Krätze gebracht? Hab ich dem Goldenen Kalb gehuldigt? Ob Fünfundsiebzigtausend oder keine Fünfundsiebzigtausend, was spielt das für eine Rolle? Hört Ihr, was ich Euch sagen will, lieber Herr Scholem Alejchem? Ihr könnt mit Euren Jiddelech auf der ganzen Welt angeben! Aber es ist, pfui, eine widerliche Welt, und eine falsche Welt, und eine verführte Welt, und eine närrische Welt!

Nur gebt doch zu, klingt es nicht noch so in Euren Ohren und dreht es sich nicht noch so in Eurem Kopf, von meinen Fünfundsiebzigtausend, daß es Euch den Hut lupft? Nehmt es mir nicht übel, daß ich Euch vielleicht den Kopf vollgeschwatzt habe, und bleibt mir gesund, Ihr versteht doch, oder nein, und laß Gott uns bessere Geschäfte geben!

»Bilder, wie aus einem Stummfilm entlaufen ...«

Szenen aus »75 000«
Mit Maria Thorgevsky, Pierre Cleitman & Dan Wiener
Bühnenfassung und Regie: Hansjörg Betschart
Premiere: Basel, März 1996

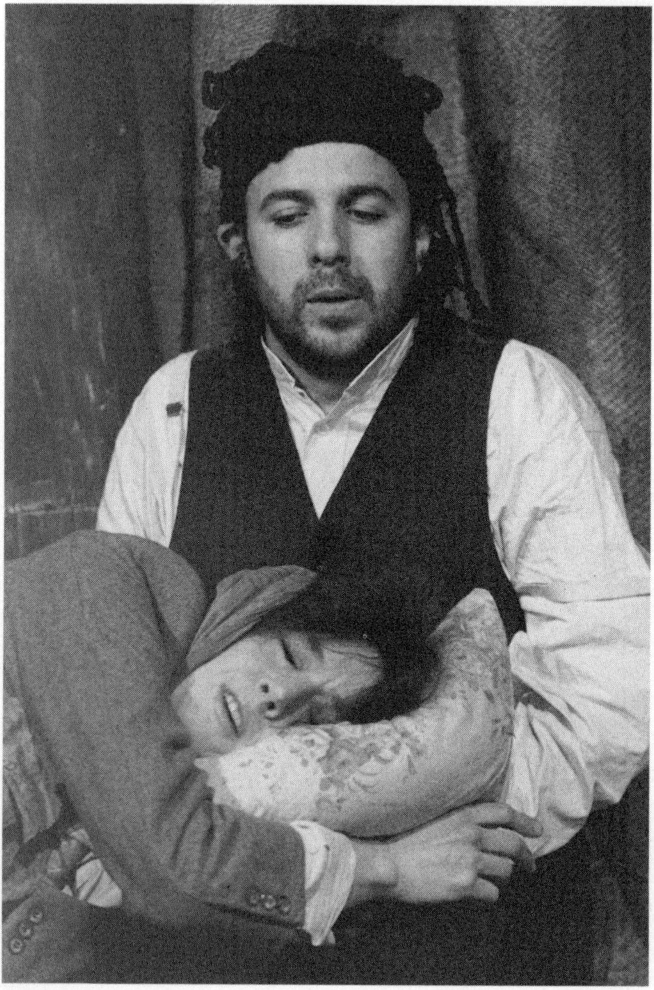

»Zipojre, wir sind rein.«
© Bernhard Fuchs

»Da hat mir Gott ein Geschäftchen geschickt mit Hirse ...«
© Claude Giger

»… und wir hatten ein Pessachfest wie Brodsky.«
© Claude Giger

»75 000!!?« Zipojre verliert für einen Moment den Boden unter den Füßen …
© Claude Giger

»Panje Birnbojm, ich könnte Euch etwas die Prozente abzahlen.«
© Claude Giger

»Mein Partner ist ausgerechnet mein eigener Bruder, Hejnech!«
© Bernhard Fuchs

»Welchen Advokaten soll man nehmen?«
© Bernhard Fuchs

»Der Haken ist gekommen mit so einem Mönch, mit so einer Tonsur …«
© Bernhard Fuchs

»Ob 75 000 oder keine 75 000, spielt das eine Rolle?«

Drei Kalender

Warum der berühmte Tolmatschow ein Antisemit geworden ist. Erzählt von einem Odesser Zeitungsverträger, der jiddische Zeitungen verkauft und unterderhand mit ›interessanten Ansichtskarten‹ aus Paris handelt. – Wiedergegeben mit seinen eigenen Worten.*

Geschrieben im Jahr 1913

Ihr fragt, wie ich, ein Jude, ein Familienvater, dazu komme, mit so unkoscherer, verbotener Ware zu handeln wie mit ›interessanten Ansichtskarten‹ aus Paris?
Das hab ich ihm zu verdanken, nur ihm, gelöscht sei sein Name! Jetzt, wo schon viel Zeit vergangen ist, und Tolmatschow nicht mehr Tolmatschow, und Odessa wieder Odessa ist, kann man schon, so denke ich, die ganze Wahrheit erzählen. Wie ist es also gekommen, daß unser Tolmatschow so ein Antisemit geworden ist? Ich fürchte, daß ich, so, wie Ihr mich hier seht, einen großen Teil der Schuld trage, wenn nicht sogar die ganze! Ach, Ihr staunt wohl, wie ich, ein Jude, ein Zeitungsverträger, der jiddische Zeitungen verkauft und unterderhand mit ›interessanten Ansichtskarten‹ aus Paris handelt, wie ich zum General Tolmatschow komme? Und was ich überhaupt mit Generälen zu tun habe? Nur, die Geschichte ist, daß jedes ›Warum‹ sein ›Darum‹ hat, und daß ein Jude eben ein Jude ist … Falls Ihr Zeit habt, will ich Euch etwas erzählen, und Ihr werdet etwas Schönes zu Ohren bekommen.
Das war, ganz genauso wie heute, mitten im Laubhüttenfest war das, auch hier in Odessa, schon vor etlichen

* Iwan N. Tolmatschow war 1907 bis 1911 Stadthauptmann von Odessa.

Jahren. Odessa war damals noch Odessa, von keinem Tolmatschow hat man da noch nichts gewußt, und ein Jude konnte noch frank und frei auf der Gasse herumlaufen, um jüdische Bücher und Büchlein zu verkaufen. Es gab damals noch nicht so viele jiddische Zeitungen wie heute, zum Beispiel, und man hatte vor niemandem Angst, und Schmuggeleien mit ›interessanten Ansichtskarten‹ aus Paris hatte man damals auch nicht nötig.

Ich bin also so herumgegangen mit meinem bißchen Ware: Gebetsbüchlein und Kalender fürs ganze Jahr. Auf der Landscheronowski- und der Katerienski-Straße, beim Café Fanconi, dort, wo man einen jeden Juden finden kann, dort, wo sich alle Börsenleute und Makler und überhaupt allerlei Juden herumdrehen, hab ich Ausschau gehalten, ob mir Gott nicht einen kleinen Verdienst schickt. Ich spaziere also, das heißt, so, wie Ihr mich hier seht, geh auf dem Trottoir beim Fanconi, wo unsere Börsenleute sich die Sohlen ablaufen, und überlege: Wo nehm ich noch einen Käufer her für die wenigen Kalender, die übriggeblieben sind. Man hat schon das Schofar-Horn geblasen*, Jom-Kiper abgefastet**, und eh man sich's versieht, ist auch schon das Laubhüttenfest vorbei, und dann ist Neujahr, und ich habe mein bißchen Rest noch immer nicht verkauft, und Gott weiß, ob ich es überhaupt noch verkaufe, weil das so eine Ware ist, die man, wenn sie über die Feiertage liegenbleibt, gleich einem Goj*** verschenken

* Das Schofar (aus dem Horn eines Widders) wird zu Neujahr (Rosch ha-Schana) und an Jom-Kiper geblasen.

** Jom-Kiper ist ein hoher Feiertag kurz vor dem neuen Jahr, ein Tag der Buße und der Versöhnung, an dem gefastet wird.

*** die etwas verächtliche, aber übliche Bezeichnung eines Nichtjuden

kann. Wozu taugt denn, zum Beispiel, ein verflossener Kalender? Und genau drei solche verflossene Kalender sind mir am Abend vor Neujahr noch geblieben. Ich hatte hundert, und habe sie so hier auf der Gasse abgestoßen, am meisten bei den Börsenleuten. Juden sind sie ja nicht gerade, oj-oj-oj, sie halten nicht so viel von jüdischen Gebetsbüchern, aber ein Kalender, ein jüdischer, für das ganze Jahr, das ist sogar für einen Börsenmenschen eine Ware. Man muß doch wissen, auf welchen Tag Pessach fällt, wann die Jahrzeit ist – ein Jude ist ein Jude.

Und wie ich so spaziere, stelle ich mich etwas neben dem Fanconi auf und guck mir die Herren Börsenleute an, die da auf und ab gehen – ich kenne sie alle schon auswendig –, und überlege: Wem könnte man noch das Restchen andrehen, wo sie doch alle schon von mir mit Kalendern fürs ganze Jahr versorgt sind. Ob ich nicht doch noch einen ausgelassen habe? Und so wie ich da steh und überlege, seh ich, bei einem Tischchen vor dem Fanconi, gegen die Straße zu, sitzt ein General mit Epauletten, rührt mit seinem Löffelchen in einem Glas Kaffee, und neben ihm steht ein ›Rotkäppchen‹, einer von denen, die man auf einen Botengang schickt, und der General sagt ihm etwas noch einmal und noch einmal, und jener, das ›Rotkäppchen‹ meine ich, erwidert ihm auf alles: »Zu Befehl, Ihro Exzellenz.«

Da denk ich mir: Was kann er ihm da auftragen, der General, meine ich? Und ich geh und rück immer ein bißchen näher zum Tischchen des Generals, und schaue immer so zur Seite, ein Jude ist ein Jude. Und ich höre, wie der General zu ihm, dem ›Rotkäppchen‹ heißt das (ein gojischer Kopf), spricht. Er legt die einzelnen Wörter ins Maul hinein und zerkaut sie. »Denk daran«, sagt er, »was man dir sagt, du sollst zu mir nach Hause gehen, Chersonski Nummer drei«, sagt er, »und sollst der Generalin sagen«, sagt er, »daß der Graf Mussin-

Puschkin bei uns zu Abend ißt. Denk daran«, sagt er, »du sollst es nicht vergessen, Chersonski Nummer drei und Graf Mussin-Puschkin!« Und jener, das ›Rotkäppchen‹ heißt das, steht vor ihm stramm, und man hört von ihm nichts anderes als ›Zu Befehl!‹ und ›Zu Befehl!‹. Und als er schon im Begriff ist zu gehen, schreit ihm der General noch einmal nach: »Denk daran, Chersonski Nummer drei und Graf Mussin-Puschkin!« Und als er sich dem Kaffee zuwenden will, sieht er mich, wie ich gar nahe bei ihm stehe und ihm in die Augen gucke, ohne mir dabei, Gott behüte, auch nur etwas zu denken, nur ganz allgemein, einfach so, und da schreit er mit einer Stimme auf mich los und durchbohrt mich mit den Augen: *»Tibje tschewo nado?«* – was ich da wolle, heißt das ... Denk ich bei mir: Was ich will, wirst du mir sowieso nicht geben. Und wieso eigentlich nicht, he? ... Ein Jude ist ein Jude, was habe ich da zu verlieren? Und ich nehme mich zusammen, wie Ihr mich hier seht, und entgegne ihm: »Ihro Exzellenz! Kauf bei mir einen Kalender!« Guckt er mich an: »Was für einen Kalender?« Sag ich: »Einen jüdischen Kalender!« Da schaut er mich schon an wie einen Meschuggenen: »Wozu brauche ich einen jüdischen Kalender?« Sag ich: »Wozu du ihn brauchst, weiß ich nicht, aber ich brauch es«, sag ich, »weil bei mir auf die Festtage«, sag ich, »noch drei übriggeblieben sind. Kauf, Ihro Exzellenz.« Und in meinem Herzen denk ich mir: Es wäre doch schön, wenn es plötzlich so käme, daß er sich tatsächlich einen jüdischen Kalender fürs ganze Jahr geben ließe! ...

Und so kam es: Ich hatte kaum das Wort ›Exzellenz‹ ausgesprochen, als er mir schon befiehlt: *»Paschol won!«* – Hau ab! Das Blut ist mir in den Adern gefroren, und so, wie Ihr mich hier seht, hab ich mein Päckel genommen, ein Jude ist ein Jude, und will schon ›linksum‹ machen, da hör ich plötzlich: *»Stupaj sjuda!«* Ich soll also, heißt

das, wieder zurückkommen. Es gibt keinen Ausweg. Ich geh also zurück, und er läßt sich einen Kalender zeigen. Ich zeig ihm also einen Kalender. Fragt er mich, was der Kalender koste. Da sag ich ihm, was der Kalender kostet. Da nimmt er den Kalender und bezahlt mich für den Kalender, ohne zu feilschen, ohne ein Wort, nichts, gar nichts! Wie gefällt Euch so ein General? Könnten nicht für ihn drei Börsenmenschen zum Teufel fahren?
So haben wir schon einen Anfang, denk ich mir, nehme mein Päckel und mache mich auf den Weg. Ein Anfang ist doch sehr gut, nur, was soll man weiter tun? Woher soll man noch weitere solche Generäle nehmen, bei denen ich das restliche bißchen Ware absetzen könnte, die letzten zwei Kalender, heißt das. – Da fliegt mir ein Gedanke durch den Kopf, ein Jude ist doch ein Jude: ›Warum habe ich ihm nicht noch einen Kalender verkauft? Würden denn diesem General nicht auch zwei Kalender für das ganze Jahr gut anstehen?‹ Ach, was er mit zwei jüdischen Kalendern anfangen soll? Und was soll er mit einem jüdischen Kalender anfangen? Und bei diesen Überlegungen ist mir ein zweiter Gedanke durch den Kopf geflogen: Ich habe mich daran erinnert, wie er eben diesem Goj einige Male eingetrichtert hat: ›Die Generalin … Chersonski Nummer drei … Graf Mussin-Puschkin.‹ So wahr ich ein Jude bin, da kann man doch noch einen Kalender loswerden! ›Sei kein Unglückswurm, Awram Markowitsch (so nennt man mich nach meinem Vater Meïr Anschil) und schmiede das Eisen – schnapp dir noch einen Käufer!‹ So hab ich zu mir selbst gesagt und nicht lange überlegt, und habe mir, wie Ihr mich hier seht, einen Ruck gegeben, von der Jekaterienski zur Deribassowski, von der Deribassowski zur Preobraschenski, von der Preobraschenski zur Sadowi und von dort gleich über die Jelisawetinski zur Chersonski. Und wie ich auf die

Chersonski gekommen bin, hab ich gleich angefangen, die Nummer drei zu suchen. – Und da war sie, so wahr ich ein Jude bin – und was für eine Nummer drei! Ein Mäuerchen, zwei Stockwerke hoch, ein Anwesen!
Gut! Was soll man also weiter tun? Darf man nun, heißt das, am Glöckchen ziehn und nach der Generalin fragen? Und ich nehme also die Glockenschnur und läute und denke: ›Das wird ja schön, wenn jetzt ein Soldat herauskommt, und vielleicht noch mit einem Hund, er wird mir die Straße weisen und vielleicht noch den Hund auf mich hetzen. Das hätte grade noch gefehlt!‹
Und so kam es dann: Eine, zwei, drei Minuten gehen vorüber; ich steh und steh, und keiner zeigt sich. Denk ich: Auf all mein Unglück fehlt jetzt nur noch, daß niemand zu Hause ist! Und vielleicht ist das Glöckchen gar noch kaputtgegangen? Man sollte es noch einmal versuchen. Und ich gehe, so wie Ihr mich hier seht, und hopp, klingle ich, eins, zwei, drei ... Da öffnet sich doch tatsächlich die Tür, und es springt eine Dienstmagd mit einer Bürste heraus: »Was wollen Sie?« Ich will mir schon in die Hose machen, doch da nehme ich mich zusammen – ein Jude bleibt ein Jude – und sage zu ihr: »Ich sollte«, sag ich, »zur Generalin sollt ich, persönlich zu ihr«, sag ich. Schaut sie mich an, wie einer, der denkt: Was ist das für eine Plage!
Und sie geht und schlägt mir die Tür vor der Nase zu. Sie hätte mir wenigstens ein Wort sagen können, ein schönes Willkommen. Und vielleicht wird sie sich noch einmal zeigen? Oder sie schickt den Soldaten mit dem Hund heraus? So denke ich bei mir und möchte am liebsten einen Abgang machen, doch wie ich schon da bin und schon geklingelt habe, ist sowieso alles verloren.
Und so kam es dann: Es ist noch keine halbe Minute vorübergegangen, da öffnet sich die Tür, und es erscheint

eine Dame, eine junge, eine schöne, wie Milch und Blut ... Ist das etwa sie, die Generalin, heißt das? Dazu ist sie zu jung. Und wenn das seine Tochter sein soll, dann ist er zu jung. Doch derweil bleibt die Zeit nicht stehen, sie macht zu mir: »Was wollen Sie?«
Denke ich: ›Was soll ich weiter tun? Wenn ich ihr sage: ‚Ihro Exzellenz', ist es nur gut, wenn sie die Generalin ist. Falls sie es aber nun doch nicht sein sollte, wozu soll man ihr dann mit ‚Ihro Exzellenz' kommen?‹ Nur: Ein Jude ist ein Jude, und so befolge ich eine alte Weisheit und spare mir die ›Exzellenz‹ und komme gleich zur Sache: »So und so«, sag ich, »der General hat bei mir gekauft«, sag ich, »einen Kalender, heißt das, und hat mich gebeten, das heißt: mich geheißen, den Kalender zur Chersonski Nummer drei zu bringen, und da werde man mich bezahlen. Und falls man mir nicht glauben sollte«, sag ich, »hat mich der General als Erkennungszeichen geheißen zu sagen«, sag ich, »daß heute abend der Graf Pussin-Muschkin zum Essen eingeladen sei.«
Da lacht sie, ich meine die Generalin: »Nicht Pussin-Muschkin, sondern Mussin-Puschkin!«
Denk ich mir: ›Wenn du lachst, hab ich dich schon halb in der Tasche ...‹ Und ich sage zu ihr: »Wie Sie wollen«, sag ich, »Pussin-Muschkin oder Mussin-Puschkin, aber ein Zeichen ist ein Zeichen.«
Und ich strecke ihr den Kalender hin. Sie nimmt den Kalender und betrachtet ihn von allen Seiten und fragt mich: »Was kostet der Kalender?«
Und ich sag ihr, was der Kalender kostet. Und sie nimmt den Kalender und bezahlt mir den Kalender und verabschiedet sich von mir, und sogar mit einem Lächeln – ein guter Tag ist das. Gefällt Euch die Dame? Keine Dame, pures Gold! Für sie können nicht nur drei, sondern ganze dreißig Börsenmenschen zum Teufel fahren. Da ist mir das Restchen wieder eingefallen, das Restchen, alles in allem ein Kalender. Da

kann man doch nach Hause etwas Warmes essen gehen, oder nein?
Als ich also Warmes gegessen habe und mich ein bißchen ausgeruht habe, plagt es mich schon wieder: Ehrlich, da bin ich also schon den größten Rest losgeworden, geblieben ist im ganzen nur ein Kalender. Nun möchte man den doch auch noch loswerden. Warum? Was taugt Euch denn ein alter Kalender, ein verflossener? Man muß doch auch den noch loswerden! Doch wie soll man den letzten Kalender loswerden, wenn schon der größte Teil der Börsenleute mit Kalendern versorgt ist? Nein, man muß noch einmal durch die ganze Stadt gehen. Und, nicnt lang überlegt, nehm ich mein Päckel und geh einfach so, ganz allgemein. Und wie ich mich schon an die Landscheronowski und die Jekaterienski gewöhnt habe, tragen mich die Füße wie von selbst dorthin, dorthin, wo die Börsenleute sich die Sohlen ablaufen, wohin soll man sonst gehn? – Gott wird mir doch wohl wieder einen Käufer schicken – alles in allem nur noch ein Stück, ein Kalender! Und so, wie Ihr mich hier seht, dreh ich mich hin und zurück, wie eine Unruh, betrachte die Börsenleute, wie sie da herumlaufen, wie die vergifteten Mäuse, und versuchen, ein Rubelchen zu verdienen – jeder sucht ein Verdienstchen … Derweil, wie ich mich so hin und her dreh, entdecke ich von weitem, bei Fanconi, wieder einen General und wieder mit Epauletten! Denk ich bei mir: ›Das wäre doch schön, wenn mir Gott einen frischen General geschickt hätte, einen Abnehmer für meinen letzten Kalender!‹ Und ein Gedanke fliegt mir durch den Kopf: ›Eigentlich ist es doch eine Sünde, daß ich nur noch einen Kalender habe, denn, wenn einmal die Generäle anfangen, jüdische Kalender zu kaufen, können mir die ganzen Börsenleute mit ihrer ganzen Börse zum Teufel fahren!‹

Und wie ich mir das so überlege, schau ich genau hin. – Und so kam es: Es war just mein General! Ich hab ihn, so wie Ihr mich hier seht, gleich erkannt! Er hat mich aber, scheint's, auch erkannt! Woher ich das weiß? Ich habe gesehen, wie er sich mit einem Ruck erhoben und mit dem Finger genau auf mich gezeigt hat. Schlecht! Was tut man da? Das hätte mir gerade noch gefehlt, mich mit einem General anzulegen! Und ich habe, so wie Ihr mich hier seht, angefangen, mich davonzustehlen, aber so, als ob sich das so gehörte! Ich hatte mir ausgerechnet, daß ich mich so in zwei Minuten in die dritte Nebengasse davonstehlen könnte. Doch es kam so: Es ist keine halbe Minute vorübergegangen, als ich höre, daß hinter mir jemand herläuft und schreit, ich solle stehenbleiben. Wer kann das sein? Doch nicht etwa er selbst, der General, heißt das? Ein wunderlicher General! Sieh nur, was passiert, wenn ein Jude einen übrigen Kalender für das ganze Jahr verkauft – die Welt steht kopf! Ein General läuft ihm nach! Schlecht! Was tut man da? Wenn ich noch schneller laufe, stößt er vielleicht noch einen Pfiff aus, und die ganze Garde kommt angelaufen! Das hätte mir gerade noch gefehlt, daß man mich arrestiert! Und wenn ich stehenbleibe, wird er mich wegen des zweiten Kalenders schnappen – ich habe doch die Generalin hereingelegt! Und weiter, wenn ich so tu, als ob ich von nichts wüßte, als ob nicht ich gemeint wäre, und ich gehe, wie ich davor gegangen bin, das heißt, ich laufe nicht, gehe aber auch nicht zu langsam, nur vertieft, wie ein Mensch, der mit sich selbst beschäftigt ist. Aj, angenommen, er holt mich ein und fragt, warum ich so laufe? Dann will ich ihm sagen, daß das eben meine Art zu gehen sei. Und so kam es dann: Er hat mich also eingeholt! Ist doch schlecht, oder nicht? Dann werdet Ihr hören, was Gott vermag! Eingeholt – da hilft nichts mehr. Ich bleibe stehen und schaue mich um: Wer mir

General! Was mir General! Ein nächtiger Tag! Es ist nur ein Mensch von den Menschen, die bei Fanconi Kaffee an die Tischchen bringen. Er läuft mit einer Serviette unter dem Arm, mit der er sich den Schweiß vom Gesicht wischt.

»Tfu … sollst du sein!« macht er zu mir, als wir beide zum Stehen gekommen sind. »Was hetzt du«, sagt er, »wie eine wilde Ziege? Komm«, sagt er, »der General ruft dich!«

»Was für ein General?« sag ich. »Und woher hast du das, daß er gerade mich ruft?«

»Was heißt«, sagt er, »woher ich das habe? Bin ich«, sagt er, »taub? Ich höre doch, wie der General sagt: ›Da geht er, der Jude mit den Büchlein, lauf und bring ihn hierher!‹« …

Wenn es so ist, dacht ich mir, ist es gar nicht so ein Unglück! Der König der Toten ist noch weit! Ein Jude ist ein Jude. Man kann sich da noch etwas ausdenken! Und wie ein Blitz fliegt mir durch den Kopf sogar ein spiegelneuer Gedanke: Wenn Gott einen Wink tut, werde ich vielleicht noch das Letzte Schpletzte abschlagen, den dritten Kalender, meine ich. Und nicht lang überlegt, klatsch ich mir vor die Stirn und speie sogar aus und rufe: »Dann sag das doch gleich! Warum hast du mir nicht gleich gesagt«, sag ich, »daß das der General mit dem Büchlein ist? Ein seltsamer General! Schon seit frühmorgens«, sag ich, »feilscht er mit mir um das Büchlein! Er hat mir schon«, sag ich, »das Wasser abgegraben! Es kostet einen Rubel, und er gibt mir nur einen halben. Ich hab ihm schon«, sag ich, »fünfundsiebzig, und siebzig, und sechzig Kopeken gesagt, soll denn das nie ein Ende haben? Und er hat sich festgefahren«, sag ich, »ein halber und nur ein halber. Wenn es nicht«, sag ich, »das letzte Büchlein wäre, soll Gott mich strafen, wenn ich ihm auch nur noch eine halbe Kopeke nachgebe. Nur da es«, sag ich, »das letzte bei mir ist, siehst du, gib also den halben Rubel her und nimm da das letzte Büchlein ...« – – –

Wer der General war? Wie sein Name war? Das weiß ich bis heute nicht. Nur vermutend vermute ich, daß das kein anderer war als Tolmatschow. Woher denn sonst hätte ihn plötzlich so eine mächtige Mordswut auf die Juden im allgemeinen befallen können, und mehr als auf alle anderen hat sich sein Zorn auf uns ergossen, die Verkäufer von jiddischen Zeitungen und Büchlein. Wir trauen uns bis auf den heutigen Tag noch nicht, uns mit jiddischen Zeitungen oder Büchlein auf der Gasse zu zeigen, man muß das unterderhand verkaufen, wie Schmuggelware oder nicht koschere Sachen. Meine Feinde und Eure Feinde und alle Feinde der Juden sollten erfahren, wie es so einem ergeht, der vom Schmuggel mit jiddischen Zeitungen leben muß. Da muß man eben dazu noch mit ›interessanten Ansichtskarten‹ aus Paris handeln, offenen und in Couverts verschlossenen. Das ist jetzt mein Hauptartikel. Die Zeitungen habe ich einfach so, ganz allgemein, weil der Artikel, die ›interessanten Ansichtskarten‹ meine ich, besser geht. Dafür gibt es unter den Börsenleuten einen Haufen mehr Abnehmer als für jiddische Zeitungen. – Och, och, och! Ich weiß, das ist widerlich, und Gott wird strafen! ... Doch was soll man tun? Ein Jude ist ein Jude und will etwas verdienen, die Kinder wollen essen ... Vielleicht wird Gott gnädig sein. Er wird Gnade walten lassen müssen! Hat er eine Wahl? Kommen wird der Jüngste Tag, was meint Ihr? ... Soll es auf seinen Kopf fallen! Ich meine unseren Tolmatschow, genau den meine ich. Warum? Ohne ihn, sein Name sei verflucht, würde ich noch bis heute nur mit Gebetsbüchlein und Kalendern für das ganze Jahr handeln und könnte es mir sparen, mit so Widerlichkeiten herumzugehen. Oder vielleicht wärt Ihr ein Abnehmer? Ich habe da eine frische Lieferung, noch warm von Paris ...

Es ist eine Lüge!

Ein Dialog in Galizien

Geschrieben im Jahr 1906

»Ihr fahrt, dacht ich mir, nach Kolomea?«
»Woher wißt Ihr, daß ich nach Kolomea fahre?«
»Ich habe gehört, wie Ihr mit dem Kondukteur gesprochen habt. Seid Ihr also wirklich ein Kolomeer, oder fahrt Ihr nur nach Kolomea?«
»Ich bin ein Kolomeer. Na, und?«
»Gar nichts! Nur so frag ich. Ist es eine hübsche Stadt, Kolomea?«
»Was heißt da, eine hübsche Stadt? Eine Stadt wie alle Städte in Galizien! Ein feines Stedtl, sehr ein feines Stedtl! ...«
»Ich meine, ob es bei Euch auch feine Menschen gibt, reiche?«
»Es gibt allerlei: Es gibt reiche, es gibt arme. Mehr arme als reiche.«
»Dasselbe wie bei uns. Auf einen Reichen kommen – ohne bösen Blick – tausend Arme. Bei Euch, in Kolomea, soll es einen Reichen, Finkelstein, geben?«
»Es gibt einen reichen Finkelstein. Was ist mit ihm? Ihr kennt ihn?«
»Kennen tu ich ihn nicht, nur gehört hab ich von ihm. Heißt er nicht Reb Schaje?«
»Reb Schaje. Was ist denn mit ihm?«
»Gar nichts. Nur so frag ich. Er ist also wirklich so reich, wie man sagt, dieser Reb Schaje.«
»Was weiß ich? Sein Geld hab ich nicht gezählt. Warum fragt Ihr so? Wollt Ihr das wegen eines Kredits wissen?«
»Nein, nur so. Er hat, so sagt man, eine Tochter?«

»Er hat drei Töchter. Ist es etwa wegen einer Partie? Wieviel, hat man Euch gesagt, gibt er der Tochter als Mitgift?«

»Es geht nicht um die Mitgift, versteht Ihr mich. Man schwatzt doch von der Stub, man schwatzt: Was für eine Stub hat der Reb Schaje Finkelstein? Das heißt, was für ein Haus?«

»Was soll es schon für ein Haus sein? Ein Haus wie alle Häuser. Eine jüdische Stub, eine feine Stub, eine chassidische, sehr eine feine Stub! Man sagt zwar, daß bei ihm in Sachen Jüdischkeit in letzter Zeit … nur das ist eine Lüge!«

»Was ist eine Lüge?«

»Was man auch sagt, es ist Lüge. Kolomea ist, müßt Ihr wissen, eine Stadt von lauter Lügnern.«

»Nur, was ist der Grund dafür – es nimmt mich einfach wunder –, zum Beispiel, für das, was man über seine Stub sagt?«

»Man sagt, es sei dort schon nicht mehr das, was es einmal war. Zum Beispiel, pflegte man früher Pessach streng zu halten … Er selbst pflegte zwei Mal im Jahr zum Rebbe zu fahren. Und heute … ist es nicht mehr dasselbe …«

»Und das ist alles?«

»Was habt Ihr denn erwartet? Soll er vielleicht den Bart und die Schläfenlocken abschneiden und in aller Öffentlichkeit Schweiniges essen?«

»Ihr habt gesagt ›man sagt‹, da habe ich schon gemeint, was weiß ich, was man sagt! Die Hauptsache ist doch, ob der Mensch sich ein Mensch bleibt. Das heißt, ob er, dieser Reb Schaje Finkelstein, meine ich, ein feiner, ein würdiger Mensch ist? Das meine ich.«

»Was heißt, ein würdiger Mensch? Ein Mensch wie alle Menschen. Ein feiner Mensch. Was soll ich sagen? Ein ganz feiner Mensch! Man schwatzt zwar bei uns, daß er ein bißchen … aber das ist eine Lüge!«

»Was ist eine Lüge?«
»Alles, was man über ihn sagt, ist eine Lüge! Kolomea ist eine Stadt, wo einer gerne über den anderen redet. Ich will das lieber nicht wiederholen, sonst heißt es schon, ich hätte eine böse Zunge.«
»Wenn Ihr doch wißt, daß es eine Lüge ist, kann man das doch nicht mehr eine böse Zunge nennen!«
»Man sagt, daß er ... ein bißchen ... ein Dreher* ist.«
»Ein Dreher? Jeder Jude ist doch ein Dreher. Ein Jude dreht eben. Seid Ihr denn kein Dreher?«
»Ein Dreher ist nicht einfach ein Dreher. Über ihn sagt man, versteht Ihr mich ... nur das ist eine Lüge!«
»Was sagt man denn nun von ihm, eigentlich!«
»Ich sag Euch doch, daß es eine Lüge ist!«
»Dann will ich eben die Lüge hören, die man sich erzählt.«
»Man sagt, daß er schon drei Mal bankrott gegangen ist. Nur das ist eine Lüge! Ich weiß nur von einem Mal!«
»Und das ist alles? Wo habt Ihr schon einen Kaufmann gesehen, der keinen Bankrott macht? Ein Kaufmann handelt so lange, bis er einen Fehler macht. Wenn ein Kaufmann stirbt ohne Bankrott ist das ein Zeichen, daß er vor der Zeit gestorben ist. Wie? Ist es nicht so?«
»Bei Euch heißt alles Bankrott. Über ihn erzählt man, daß er auf ganz miese Art Bankrott gemacht hat, er hat alles Süße geschluckt und der Welt die Zunge herausgestreckt ... Ihr versteht.«
»Der ist kein Narr, wie's scheint. Nun, und außerdem gar nichts?«
»Was wollt Ihr denn noch? Soll er Menschen erschlagen? Ein Verbrechen begehen? Man erzählt sich zwar

* fast ein Schwindler

bei uns über ihn eine sehr unschöne Geschichte ... Nur das ist eine Lüge!«
»Das heißt, was für eine Geschichte?«
»Eine Geschichte mit einem Gutsbesitzer ... Doch das ist ein nächtiger Tag, da ist gar nichts!«
»Was für eine Geschichte mit einem Gutsbesitzer?«
»Mit irgendeinem Gutsbesitzer etwas ... Wechsel ... Was weiß ich, was sich Kolomea da wieder ausgedacht hat? Es ist eine Lüge! Ich weiß, daß es eine Lüge ist!«
»Wenn Ihr doch wißt, daß es eine Lüge ist, wird es ihm auch nicht schaden!«
»Er hat, sagt man, mit einem Gutsbesitzer gehandelt, einem sehr reichen Gutsbesitzer, bei dem er großes Ansehen hatte, sehr großes Ansehen. Als der Gutsbesitzer gestorben ist, hat er auf ihn einige Wechsel ausgestellt. Da gab es einen großen Aufruhr in der Stadt: Wie kommt er plötzlich zu Wechseln, wenn doch der Gutsbesitzer zeit seines Lebens kein Papier unterschrieben hat? ... Kolomea, müßt Ihr wissen, ist eine Stadt, die gut achtgibt ...«
»Nu?«
»Nu-nu! Da hat er sich ein Päckel aufgeladen!«
»Und das ist alles? Jeder Jude hat ein Päckel! Habt Ihr schon einmal einen Juden ohne Päckel gesehen?«
»Er hatte aber, sagt man, drei Päckel auf sich!«
»Drei Päckel? Was für ein Päckel, sagt man, hat er denn zum Beispiel noch auf sich geladen?«
»Es hatte etwas, sagt man, mit einer Mühle zu tun ... Nur das ist ganz gewiß eine Lüge!«
»Die Mühle ist höchstwahrscheinlich abgebrannt, und da hat man gesagt, daß das ›der das Licht geschaffen hat‹ gemacht habe, denn obwohl die Mühle alt war, hat er sie gut assekuriert, damit er sich nachher eine neue stehlen kann?«
»Woher kennt Ihr die Geschichte?«
»Kennen tu ich sie nicht, aber ich stelle mir vor, daß die Geschichte so gewesen sein muß!«

»Das heißt, so schwatzt man bei uns in Kolomea, nur das ist eine Lüge. Ich könnte Euch schwören, daß es eine Lüge ist!«
»Es würde mich nicht stören, wenn es sogar die Wahrheit wäre! Was hat er denn noch, sagt Ihr, für ein Päkkel auf sich?«
»Habe *ich* etwas gesagt? Die Stadt sagt. Nur das ist einfach Geschwätz, Verleumdung, reine Verleumdung.«
»Verleumdung? Falschmünzerei?«
»Noch schlimmer!«
»Was kann schon schlimmer sein?«
»Es wäre eine Schande zu erzählen, was sich Kolomea da noch ausgedacht hat! Hohlköpfe ... Müßiggänger ... Und überhaupt war das eine abgekartete Sache, um Geld abzapfen zu können! Kennt Ihr das nicht? Ein kleines Stedtl und ein Reicher hat Feinde ...«
»Er hat mit dem Dienstmädchen etwas gehabt? ...«
»Woher wißt Ihr das? Hat man es Euch schon erzählt?«
»Erzählt hat man es mir nicht, nur bin ich schon angesteckt. Das hat ihn sicher ein schönes Geld gekostet, diese Verleumdung da?«
»Laß uns beiden wünschen – ich will nicht Euer Feind sein –, daß wir jede Woche so viel verdienen, was ihn das gekostet hat, auch wenn er tief drinnen Gott die Seele schuldet. Ein kleines Stedtl ... Ein reicher Jude ... Es geht ihm gut ... Man gönnt ihm nichts ... Man gönnt ihm einfach nichts! ...«
»Möglich. Hat er wenigstens feine Kinder, liebe? Drei Töchter, habt Ihr, wenn ich mich recht entsinne, gesagt.«
»Drei. Zwei sind schon verheiratet und eine ist noch ledig. Feine Kinder, sehr feine Kinder, über die Ältere sagt man zwar ... nur das ist eine Lüge.«
»Was sagt man denn zum Beispiel über sie?«
»Ich sagte Euch doch, daß es eine Lüge ist!«
»Ich weiß, daß es eine Lüge ist. Ich möchte aber die Lüge gerne hören!«

»Wenn Ihr alle Lügen hören wollt, die bei uns in Kolomea umgehen, werdet Ihr mit drei Tagen und drei Nächten nicht auskommen. Über die Ältere sagt man, daß sie mit den eigenen Haaren herumgeht. Ich kann Euch aber versichern, daß das eine Lüge ist, weil sie gar nicht so gebildet ist, daß sie ohne Perücke herumgehen würde.* Und über die zweite Tochter hat man sich einfach ausgedacht, daß sie noch als Jungfrau … nur Kolomea kann sich so etwas ausdenken! Es ist eine Lüge!«

»Vielleicht lohnt es sich zu hören, was man sich bei Euch in Kolomea ausgedacht hat?«

»Ich sagte Euch doch, daß Kolomea eine Stadt voller Lügner ist, und Schwätzer, und langen Zungen. Wißt Ihr das nicht? Wenn in einem kleinen Stedtl ein Mädchen nachts alleine auf der Gasse, einer dunklen, mit einem jungen Mann spazierengeht, macht man daraus schon aus großes Trara: Was hat ein Mädchen nachts in Kolomea allein herumzugehen, und erst noch mit einem Provisor?«

»Und das ist alles?«

»Was wollt Ihr noch mehr? Soll sie mit ihm an Jom-Kiper nach Tschernowitz durchbrennen, wie das, so sagt man, die kleinere Tochter fertiggebracht hat?«

»Was hat denn die Kleinere fertiggebracht?«

»Es lohnt sich wirklich nicht, alle Albernheiten, die bei uns in Kolomea umgehen, nachzuschwatzen. Ich mag keine Lügen nachschwatzen! …«

»Ihr habt schon so viele Lügen erzählt, dann könnt Ihr diese Lüge auch noch erzählen.«

»Ich erzähle nicht *meine* Lügen, mein Herr, ich erzähle die Lügen anderer! … Und ich verstehe einfach nicht,

* Verheiratete Frauen sollten ihre Haare nicht in der Öffentlichkeit zeigen und trugen Perücken oder Kopftücher. Unter ›Bildung‹ ist hier die russisch-weltliche zu verstehen.

warum Ihr so sehr nach vielen Einzelheiten fragt, wie ein Prokuror! Ihr seid, so scheint es mir, ein Jude, der gerne andere ausfragt, ausforscht, ihnen das Blut aus den Knochen saugt, und selbst hütet Ihr Euch, auch nur ein Wort zu sagen … Nehmt es mir nicht übel, wenn ich Euch die reine Wahrheit sage, Ihr seid, scheint mir, ein russischer Jude, und die russischen Juden haben eine miese Natur: sie kriechen gerne den andern mit dem Stiefel ins Herz … Die russischen Juden sind, das sollt Ihr wissen, keine kleinen Schwätzer … Übrigens sind wir schon bald in Kolomea … Es wird Zeit, die Sachen bereitzumachen … Verzeiht, bitte!«

Das Rührei des Reichen

Ein litauischer Dialog

Geschrieben im Jahr 1904

»Was soll ich dir sagen, Hinde? Ich würde den Kaftan versetzen, wenn ich nur ein Reicher wäre!«
»Wie kommst du darauf?«
»Ich war beim Reichen. Man hat ihm zu Tisch Rührei gereicht, um nicht zu sagen: pures Gold!«
»Ach, geh! Was gibt's dort? Köstlichkeiten?«
»Um nicht zu sagen: den Garten Eden!«
»Hast du davon gegessen?«
»Ach geh! Wie käm ich dazu?«
»Woher weißt du es dann?«
»Sieht man das nicht? ... Ein Genuß schon von weitem! Das zergeht im Maul wie Butter! ...«
»Die Reichen ... Was fehlt denen schon?«
»Die haben Kopfweh! Wollen doch sehen, Hinde ..., hm ..., hm ... Du solltest einmal Rührei machen ...«
»So? Mehr willst du nicht?«
»Warum nicht? Einmal im Leben! ...«
»Bist du meschugge, oder was?«
»Hm ..., hm ... Mir wird schwach ums Herz, Hinde! ... Mach mir Rührei, bitte! ...«
»Ein Elend! Und aus was macht man Rührei, weißt du das?«
»Geh! Woher soll ich das wissen?«
»Was redst du dann? ... Erstens nehmen sie, die Reichen, wer weiß wieviel Butter! ...«
»Von mir aus ohne Butter, wenn es nur Rührei gibt!«
»Du bist mir einer! Und woher soll ich die Milch nehmen? ...«

»Von mir aus ohne Milch, wenn es nur Rührei gibt!«
»Gut! Aber die Eier? Ohne Eier kann man doch kein Rührei machen!«
»Eier? Und wo steht da geschrieben ›Eier‹? Man schlägt *ein* Ei auf und macht Rührei!«
»Von mir aus! Und woher soll ich das nehmen? Es gab ein Ei, aber die Hälfte des Eigelbs ist in der Füllung und ein bißchen vom Eiweiß im Teig.«
»Na, na! Wenn du willst, findest du doch noch etwas, um Rührei von zu machen!«
»Wovon? Von der Schale? Ein halbes Ei!«
»Weiß ich? Du bist doch die Hausfrau!«
»Eine Hausfrau! Seidel, ist dir ein bißchen Mehl gefällig?«
»Von mir aus mit Mehl, wenn es nur Rührei gibt!«
»Du Schlauer! Und woher nehm ich das Mehl?«
»Ach, ein bißchen Mehl wirst du doch zusammenkratzen!«
»Zusammenkratzen! Vielleicht Buchweizen?«
»Von mir aus Buchweizen, wenn es nur Rührei gibt.«
»Ein Elend! Vielleicht mit einer Zwiebel?«
»Von mir aus mit einer Zwiebel, wenn es nur Rührei gibt.«
»Ganz vergessen! Es hat keine Zwiebeln mehr! Dafür ein Knobläuchlein.«
»Von mir aus mit Knoblauch, wenn es nur Rührei gibt.«
»Schönes Rührei! Und womit soll ich die Pfanne schmieren?«
»Schmier mit was du willst, wenn es nur Rührei gibt.«
»Da hast du ein Rührei! … Hat ihn der böse Trieb gepackt! Beim Reichen gesehen … Wenn der Reiche sich die Nase abschneidet, dann mußt du dir auch die Nase abschneiden … So ein Affe! Da! Da nimm dein plötzliches Rührei! Wasch dir die Hände, es ist schon fertig, dein Rührei!«

»Schon fertig das Rührei? So, Hinde, hab ich dich lieb … Die Reichen meinen, daß es nur bei ihnen Rührei gibt … Ein edles Gericht! … Es riecht nach Knoblauch! Das belebt! Gut, Hinde! Ich möchte jeden Tag Rührei essen! … Hörst du, Hinde, was ich dir sagen wollte? … Hm …, hm …, dein Rührei ist nicht ganz … etwas säuerlich, wenig Salz und klebrig … hm …, hm …, verzeih mir … hm …, hm …, Gott soll mich nicht strafen für meine Worte … Aber es ist elend, pfui! Ein schwarzes Jahr, diesen Reichen, was die sich kochen! …«

Chabne

Geschrieben im Jahr 1905

Das war in Odessa. Wir sind gesessen, eine ganze Runde, eine Gesellschaft. Literaten, das heißt Schreiber, die schreiben, und Leser, die lesen, und einfach so junge Leute, und ein paar Studenten, und ein Mädel, das auch zu studieren gekommen war, ein ganz hübsches Mädel, ein gesundes mit roten Backen, und einfach Außenstehende, das heißt solche, die mit unserem Kreis eigentlich gar nichts zu tun hatten. Sie haben Juden reden gesehen, und da hört man sich ein, da rückt man immer näher, so lange, bis eine ganze Gesellschaft zusammen ist, und man sich mit den Gläsern über dem Tisch und den Füßen unter dem Tisch verbindet – ganz Israel ein Freundeskreis …

Es war nicht etwa Schabbes, sondern irgendein Wochentag. Und geredet haben wir eigentlich auch nicht von Schabbes, sondern von ganz anderen Sachen. Wenn ich mich recht erinnere, haben wir über den Zionismus, Territorialismus*, Achad-Ha'amismus, Klojsnerismus** geredet und gestritten, und wir haben nicht im Traum daran gedacht, über irgendein Geld, oder Schabbes, oder ein Stedtl, das Chabne heißt, zu reden. Das war überhaupt kein Thema, und niemand wäre auf diesen Gedanken gekommen. Plötzlich, ich weiß nicht, woher

* reaktionär-nationalistische Bewegung, die die Schaffung eines jüdischen Staates auf irgendeinem Territorium (nicht unbedingt auf dem Palästinas) anstrebte

** verschiedene Strömungen innerhalb des Zionismus

und warum, steht ein junger Mann auf, ein Rothaariger mit weißen Brauen, einer von den jungen Leuten, von den Außenstehenden, winkt mit der Hand ab und beginnt mit folgenden Worten:

Scha, still, was soll das alles? Ich will euch eine schönere Geschichte erzählen, die mir in Chabne passiert ist. Chabne ist ein Stedtl, es gibt also so ein Stedtl, das Chabne heißt. In diesem Stedtl Chabne gibt es alles, was ein Stedtl haben muß: eine Post, und einen Rabbiner, und einen Fluß, und einen Lehrer, und einen Telegrafen, und einen Friedhof, und einen Hafen, und eine Talmud-Schule, und Chassidim, und zwei Lehrhäuser, und einen ganzen Haufen Arme und wenig Reiche, wie in unseren kleinen Stedteln üblich. Da hat es mich eines schönen Tages an einem Schabbes in dieses Stedtl verschlagen. Hört nur zu, es ist eine schöne Geschichte, nur eine kurze, und sie kann euch von Nutzen sein. Das wißt ihr doch höchstwahrscheinlich ganz gut, daß ihr in einem kleinen Stedtl, wenn ihr an Schabbes dorthin kommt, gleich dazugehören müßt, da hilft euch gar nichts. Weiterfahren könnt ihr glatt vergessen. Chabne ist nicht Odessa. Und seit Chabne Chabne ist, hat dort noch kein Jude die Schabbesruhe nicht gebrochen. Und wenn ihr für einen Schabbes Chabner werdet, müßt ihr infolgedessen auch ins Bad. Was hättet ihr getan? Würdet ihr euch zur Seite setzen und heilige Bücher schreiben? Und, daraus folgt, daß man sich um die Synagoge nicht herumschwatzen kann. Ich wollte euch sehen, an meiner Stelle, wie ihr auf Schabbes nach Chabne kommt und nicht zur Synagoge geht! Ihr meint, daß man euch weiß Gott etwas Schlechtes antun würde? Weit gefehlt! Man wird euch gar nichts tun; man wird euch nur angucken; ganz Chabne wird kommen, um sich den Juden anzugucken, der auf Schabbes nach Chabne gekommen ist und nicht in die Synagoge geht.

Und was für ein Gesicht würdet ihr vor dem Gastgeber machen? Was für einen Geschmack würde das Essen haben, das man euch getrennt von allen andern servieren würde? Und wer weiß, ob man euch überhaupt gesondert zu essen geben würde. Was seid ihr, ein Gutsbesitzer oder was, daß ihr gesondert zu essen bekommen sollt, nicht mit dem Gastgeber an einem Tisch, nicht mit allen Kiddusch* haltet und nicht mit allen die Schabbesgebete singt? Wenn ihr, zum Unterschied, ein Gutsherr sein solltet, stellt euch etwas anderes vor: Stellt euch vor, daß ihr dann alles aufs Zimmer bekommt: Essen und Trinken, und eine Papiross, und sogar einen Samowar, und das, es sollte nicht gesagt sein, am Schabbes! Woher das kommt, wollt ihr wissen? Ah, das sollt ihr nicht fragen. Weil, wenn ihr anfangt nachzufragen: warum das und warum jenes, wird es eine Geschichte ohne Ende. Kurz, wenn ihr nach Chabne kommt, müßt ihr ein Chabner sein.
Bei mir ist die Geschichte aber so weitergegangen: Ich bin zu einem Gutsbesitzer unweit von Chabne gefahren und habe Geld bei mir gehabt, etliche schöne Tausender; und die Busentasche war ganz prall voll. Auch der, der davon nichts wußte, hätte gesehen, daß ich Geld mit mir führe, weil ein Mensch, der Geld mit sich führt, hat ein anderes Gesicht: er geht anders, er steht anders, er redet anders. Geld, versteht ihr mich, hat in sich eine Kraft – es ist Geld! …
Also, was tut man mit dem Geld? Erstens ist Schabbes. Chabne ist nicht Odessa. Wie also kann ich am Schabbes Geld mit mir herumtragen?** Und zweitens, um die Wahrheit zu sagen, hatte ich auch ein bißchen Angst, unterwegs mit so einer Summe Geld, kein böser Blick

* Abendgebet vor Schabbes oder einem anderen Feiertag
** An Schabbes darf man nicht nur nicht arbeiten, sondern auch kein Geld mit sich herumtragen.

soll sein, zu übernachten. Nicht daß ich, Gott behüte, dem Gastwirt etwas Böses zugetraut hätte. Der Gastwirt war ein Jude, ein frommer sogar, und ein koscherer, mit einem sehr schönen Mantel und einem Gürtel. Auch vor keinen Räubern hab ich Angst gehabt.
Chabne hat, Gott behüte, nicht den Ruf einer Stadt von Mord oder Raub. Die Welt hat nicht gehört, daß in Chabne irgendein Mord oder ein Verbrechen vorgekommen wäre. Aj, sogar wenn es dort auch nur einmal ein Stückchen von einem Pogrom gegeben hätte, ist das doch nur bei einem Pogrom, und wo gibt es heute schon keine Pogrome? … Ich sag euch bei meiner Ehre, ihr könnt in Chabne inmitten der Nacht alleine herumgehen, und ich versichere euch, daß euch gar nichts geschehen wird. Und wenn das so ist, was hatte ich denn Angst zu haben? Ich hatte Angst, versteht ihr mich, nur vor einer Sache: Ohne bösen Blick, so eine Summe Geld, fremdes Geld, nicht meins … Nehmen wir an, Gott behüte, was da passieren kann! … Ich dreh mich hin und dreh mich her – es ist alles schlecht. Was tut man da? Ich halte ein Schwätzchen mit meinem Gastwirt, wer hier in Chabne zu den vornehmsten Leuten, zu den Reichen gehöre?
Da entgegnet er mir doch tatsächlich: »Weshalb und zu welchem Zweck? Möchten Sie vielleicht ein Geschäft machen?«
Soll ich hingehn und ihm erzählen, was mich drückt? Es ist wahr, er ist doch ein schöner Jude mit einem schönen Mantel und einem schönen Gürtel, und Chabne ist doch keine Stadt von Mördern oder Räubern; aber es ist doch Geld, fremdes Geld, nicht meins … Kurz, frag ich ihn das, fragt er mich jenes, sag ich ihm ›Reicher‹, sagt er mir ›Geschäft‹. Hin und her, ich hab bei ihm doch das herausbekommen, was ich haben wollte: daß Chabne ein Stedtl von lauter Armen ist, das heißt, es gibt in Chabne auch Reiche, nur sehr wenige. Es gibt

alles in allem einen einzigen, von dem man sagen kann, daß er ein Reicher ist, sogar ein ganz Reicher, und nicht nur ein Reicher, sondern ein Wohlhabender, kann man sagen, ein richtig Wohlhabender. Sein Geld, heißt es, habe niemand nicht gezählt, aber Geld habe er, und zwar einen ganzen Haufen. Heute hat er eigene Häuser und Läden, einen ganzen Markt, und ein Stückchen Wald, einen Wald kann man schon sagen, sogar zwei Wälder. Und dazu ist er ein ganz passabler Mensch, das heißt von keiner schlechten Natur, man kann sogar sagen, er ist ein guter Mensch, mit einem guten Herzen und einer großzügigen Hand; er zeigt sich gern, versteht ihr, von der großzügigen Seite, mit einer Spende, mit einer Wohltat, mit einem kleinen Gefallen; er gibt keinem einen Korb, wer auch immer zu ihm kommt. Gewöhnlich um der Ehre willen, er mag die Ehre, ein Reicher mag immer die Ehre. Obwohl er so für sich gesehen nichts vorstellt, er ist ganz einfach und mag kein Aufhebens. Und man kann von ihm sagen, daß er ein ganz Ehrlicher ist, das heißt, zwar kein großer Zaddik*, nur würde er nie öffentlich Dinge tun, die man nicht darf, so daß alle es sehen könnten. Allerdings bei sich dort, heißt es, wo es keiner sieht, weiß man es nicht, da kann man niemanden verpflichten, die Hand ins Feuer zu legen. Und nur für die Ordentlichkeit wäre es doch nicht angebracht, ihm noch dankbar zu sein, weil, wenn schon so ein Mensch nicht ordentlich wäre, wer sollte es denn sonst sein? …

Im ganzen hab ich aus dieser Rede herausgehört, daß ich jenem Menschen meine Sache anvertrauen kann. Und ich bin beizeiten zu ihm hingegangen, am Schabbes-Abend noch vor dem Bad, und hab ihn im Haus über einem Buch lesend getroffen. Ein sehr feiner Mensch,

* »Gerechter«; der Fromme, Vollkommene und Wundertäter im Chassidismus

wohnt da, reich, großartig, und ruhig, wie eben gewöhnlich ein Wohlhabender in einem kleinen Stedtl. Ich bin hereingekommen und entbiete ihm meinen Gruß, erzähle ihm die ganze Geschichte, so und so: Daß ich also zu dem und dem Gutsherrn gefahren sei und jetzt Geld mit mir führe, daß ich hier bleiben müsse, um Schabbes zu halten, daß ich befürchte, wer weiß was alles für Geschichten passieren können, obwohl ja Chabne keine Stadt von Mördern oder von Räubern sei, und mein Hausherr sei ja auch ein schöner Jude mit einem schönen Mantel und einem Gürtel, also was denn? Ohne bösen Blick, so eine Summe Geld, fremdes Geld, nicht meins! ...

Entgegnet er mir mit einem Lächeln: »Was also wollt Ihr, junger Mann?«

Da sag ich ihm, daß ich ihn bitten wollte, wenn es vielleicht möglich wäre, daß er das bißchen Geld von mir nähme und es über Schabbes bei sich im Geldschrank behalte; er habe einen eisernen Schrank, da könne ich ruhig sein. Das heißt, ich will um Gottes willen niemanden verdächtigen, Chabne sei eine Stadt, sag ich, von keinen Mördern und keinen Räubern; ohne bösen Blick, so eine Summe Geld, fremdes, nicht meins ...

Er hört mich an und macht zu mir mit einem Lächeln: »Junger Mann, Ihr kennt mich nicht, und wißt nichts von mir, wie also wollt Ihr mir so eine Summe Geld anvertrauen?«

Sag ich zu ihm: »Ein guter Name läßt sich hören, und Ihr werdet mir doch«, sag ich, »eine Quittung geben; es ist doch Geld, eine Summe Geld«, sag ich, »fremdes, nicht meins ...«

Da lächelt er und sagt zu mir, daß er in seinem ganzen Leben noch keine Quittung ausgestellt habe.

Sag ich ihm: »Dann eben ohne Quittung.«

Sagt er, er wolle nicht.

Sag ich: »Was soll man da tun?«

Sagt er: »Was Ihr wollt.«
Sag ich: »Vielleicht vor Zeugen.«
Sagt er: »Bittesehr.«
Sag ich: »Wen soll ich bringen?«
Sagt er: »Wen Ihr wollt.«
Sag ich: »Vielleicht finden sich bei Euch in der Stadt ein paar feine Menschen?«
Sagt er: »Bei uns sind alles feine Menschen!«
Sag ich: »Dann geh ich schnell auf einen Sprung und bringe ein paar ehrenhafte Menschen mit.«
Sagt er: »Springt und bringt, wen Ihr wollt.«
Und ich sehe, daß ihn die Geschichte verdrießt. Da rechtfertige ich mich vor ihm, daß ich das sicher nicht so gemacht hätte, wenn das mein Geld wäre, nur weil, so sag ich, das Geld eben nicht mein Geld sei, zuerst gehöre es Gott und dann einem Dritten, müsse ich doch vorsichtig sein? Ha? Was sagt Ihr? Muß ich da nicht vorsichtig sein? ... Da hört er mir zu mit einem Lächeln und schweigt. Da versteh ich, daß er nicht sehr zufrieden ist. Nun hatte ich aber schon gesagt, daß ich schnell laufen wolle, um ein paar ehrenhafte Menschen zu bringen, und so muß ich schnell laufen und ein paar ehrenhafte Menschen bringen. Und ich geh zurück zur Herberge und geh zu meinem Hausherrn, um ihn auszuhorchen, wer hier in Chabne die ehrenhaftesten Menschen sind? Es ist aber unmöglich, ein Wort aus ihm herauszubekommen. Er will nur eines wissen: Wozu ich das wissen wolle. Wenn es, so sagt er, um eine Heiratsvermittlung gehe, dann ist das eine andere Sache, und wenn es um einen Kredit gehe, dann ist es wieder etwas anderes, und wenn es aber, so sagt er, einfach so sei, müsse er, sagt er, trotzdem wissen, zu welchem Thema ...
Hin und her ist er mir ausgewichen, da doch eigentlich alle Chabner ehrenwerte Menschen seien.
»Das heißt, wenn man will«, sagt er, »kann man den

auswählen, dem keine Feinheit abgeht, aber was ist schon Feinheit? Fein kann man«, sagt er, »viele verschiedene nennen, und wenn man will«, sagt er, »gibt es überhaupt keine feinen Leute. Das kommt darauf an«, sagt er, »was für eine Feinheit man beim anderen suche: sei es Geld, sei es die Abstammung, sei es die Bildung oder das Benehmen oder gleich alles zusammen? Nur weil niemand alle diese Eigenschaften aufs Mal erfüllen könne, seien eben alle in Chabne fein und ehrenhaft.«

Nur wenn ich wolle, sagt er, daß es fein sehrfein zugehen solle, dann gebe es, sagt er, nur zwei feine Menschen in Chabne: Reb Lejser und Reb Josi. Über sie könne man sagen: Fein, was eben fein nur heißen kann!

»Wer«, sag ich, »ist denn zum Beispiel der Reb Lejser und wer der Reb Josi?«

Sagt er mir: »Und was spielt das für eine Rolle? Und wenn ich es Euch sage, werdet Ihr es dann wissen?«

Sag ich: »Wieso auch nicht? Jeder Mensch hat doch seinen Charakter.«

Sagt er: »Ihr seid ein seltsamer Mensch – alles wollt Ihr wissen! Reb Lejser ist ein Jude, den man Lejser ruft, und Reb Josi ist ein Jude, den man Josi ruft. Nu, ist Euch jetzt leichter ums Herz?« …

Kurz, ich bin also hinübergegangen zum Reb Lejser, den man Lejser ruft, und zum Reb Josi, den man Josi ruft, und habe mich mit ihnen bekannt gemacht, ganz schöne Juden mit schönem Bart, hab mich mit ihnen unterhalten über dies und über jenes, einfach so ins Blaue hinein; so lang und so breit, bis man auf das gekommen ist, worauf ich hinauswollte, und ich hab ihnen ganz kurz die ganze Geschichte erzählt, so und so, weil ich zu einem Gutsbesitzer gefahren sei, führe ich jetzt Geld mit mir und befürchte, wer weiß, daß was passieren kann, Chabne sei ja, Gott behüte, keine

Stadt von Mördern oder Räubern, doch es sei halt etwas Geld, ohne bösen Blick, so eine Summe, fremdes, nicht meins …
»Deswegen bitte ich euch, wenn ihr eine gute Tat vor Gott vollbringen wollt, könntet ihr doch so gütig sein und mit mir zum Wohlhabenden von Chabne kommen, nur um dabeizusein, wenn ich ihm das Geld übergebe, das er bei sich über Schabbes aufbewahren soll.«
Sie haben mich angehört mit dem Kopf, und haben, also dieser Reb Lejser, den man Lejser ruft, und dieser Reb Josi, den man Josi ruft, sich während der Geschichte über die Bärte gestrichen, und haben immer wieder nachgefragt, noch und noch einmal: woher und wohin und was und wen, und haben sich nicht lange bitten lassen, und wir sind alle drei wieder zum Wohlhabenden von Chabne hinübergegangen. Ich hab ihn gebeten, er solle es mir nicht übelnehmen, Chabne sei nun wirklich, Gott behüte, keine Stadt von Mördern oder Räubern … Und ich habe ganz vorsichtig die Täschchen aufgebunden, und habe das bißchen Ärmlichkeit herausgenommen und nachgezählt, hab es recht in ein Papier eingewickelt und es dem Wohlhabenden von Chabne gleich in die Hände gegeben, er solle es über Schabbes bei sich im eisernen Schrank behalten, und hab ihn noch einmal gebeten, er solle es mir nicht verübeln, daß ich ihm Umstände mache, Chabne sei ja Gott sei Dank keine Stadt von Mördern oder Räubern, es sei doch aber Geld, ohne bösen Blick eine ganze Summe von Geld, fremdes, nicht eigenes … Und der Wohlhabende von Chabne hat ganz vorsichtig das Päckel von mir genommen, von Hand zu Hand, wie zum Beispiel ein Kind vor der Beschneidung von der Patin dem Paten gereicht wird, und meine beiden Leute haben bei der ganzen Geschichte geholfen zu schauen und haben sich die Bärte gestrichen und sich die Lippen geleckt, wie eine Katze, die Butter sieht …

Und ich habe mich verabschiedet, noch einmal gebeten, man solle mir die Umstände nicht verübeln, Chabne sei ja nicht, Gott behüte, eine Stadt von Mördern oder Räubern, und einen guten Schabbes und Schluß.
Die Taschen geleert, schien es mir, wie wenn ich von zehn Fudern Last befreit wäre, und ich bin mit einem freien Kopf in die Synagoge gegangen, hab einen sehr schönen Kantor gehört, der sich zwar ein bißchen zu viel zierte und komisch-seltsame Bewegungen mit dem Hals machte, aber er trällerte den Schabbesanfang wie eine Nachtigall, schloß den Schabbespsalm – wenn der Vergleich erlaubt ist – wie ein Sänger im Theater, und er sprach chassidische Lieder echt jiddisch, mit so viel ›Moral‹, mit so einer Süße, daß man sie am liebsten noch einmal und noch einmal hören mochte. Ich hatte schon lange nicht mehr so einen Kantor erlebt wie den in Chabne, ich hatte schon lange keinen solchen ›Kiddusch‹ und solche ›Smires‹* gehört wie in Chabne, ich hatte schon lange keinen so gepfefferten Fisch mit so schmackhaften Nudeln und so einem großen Stück Fleisch gegessen wie in Chabne, und ich hatte schon lange nicht mehr so süß geschlafen wie in jener Schabbesnacht, und auch den ganzen Schabbestag habe ich geschlafen wie ein Kaiser!
Als ich mich auf allen Seiten ausgeschlafen hatte, bin ich gut aufgestanden und ein bißchen spazierengegangen, mir Chabne anzugucken, Chabner Juden mit ihren Chabner Weibern, Chabner Burschen und Chabner Mädels, nach der letzten Mode angezogen und herausgeputzt. Danach hab ich sehr fein den Nachtisch aufgegessen, ganz schön die ›Smires‹ gesungen, bin in die Synagoge gegangen zum Abendgebet, und als es soweit war, auch das Schabbesausgangsgebet gesprochen, habe mit dem Hausherrn ganz fein das Zimmer abgerechnet,

* Loblieder auf Schabbes

wie üblich die Rechnung um ein paar Gulden heruntergefeilscht und habe mich ganz fein aufgemacht zum Wohlhabenden von Chabne, um die paar Groschen abzuholen.
Bin ich also zum Wohlhabenden von Chabne gekommen und habe ihn in einem sehr schönen seidenen Mantel mit seidenen Kordeln angetroffen. Er geht sehr fein durchs Zimmer und dreht die Kordeln von einem Finger auf den andern und klopft und singt mit einer sehr schönen Stimme:

Eliahu der Prophet!
Eliahu aus Tisba!
Eliahu aus Gil'ad!
Schnell noch, schnell noch, schnell noch in unseren Tagen!

›Nun, er singt‹, dacht ich bei mir, ›laß ihn singen; er wird aufhören zu singen, und ich werd ihn erinnern.‹
Aber mein Wohlhabender hört nicht auf zu singen und zu klopfen und die Kordel von einem Finger auf den andern zu drehen. Ich fang an, auf heißen Kohlen zu sitzen und will jeden Moment zu ihm gehen und ihn wegen der besagten Sache ansprechen, es ist aber unmöglich: Er singt und klopft und dreht die Kordel von einem Finger auf den andern, und seine Stimme wird immer lauter und lauter:

Eliahu der Prophet!
Eliahu aus Tisba!
Eliahu aus Gil'ad!
aj-aj-aj-aj!
aj-aj-aj-aj!
Schnell noch, schnell noch, schnell noch in unseren Tagen!
Eliahu der Prophet!
Eliahu aus Tisba!
Eliahu aus Gil'ad!

›Komme was wolle!‹ dacht ich mir, und gebe mir einen Ruck und geh zu ihm hin und rufe ihm zu, daß, so Gott will, ich heute, daß heißt bald schon, mich auf den Weg mache, und ich möcht ihn doch sehr bitten … Hm … Da hebt er den Finger mit der Kordel ganz hoch und macht zu mir laut, mit voller Stimme:

Eliahu der Prophet!
Eliahu aus Tisba!
Eliahu aus Gil'ad!
Schnell noch, schnell noch, schnell noch in unseren Tagen!
aj-aj-aj-aj!
aj-aj-aj-aj!

›Was träume ich da diese Nacht und letzte Nacht und die ganze Woche!‹ dacht ich bei mir. ›Der Mensch hat sich ein bißchen in Eliahu verliebt. Man kann ihn nicht losreißen!‹
Kurz, er hat so lange gesungen und geklopft, bis er aufgehört hat zu singen und zu klopfen.
»Eine gute Woche«, macht er zu mir, »eine gute Woche, setzt Euch«.
Und wir setzen uns beide ganz fein an den Tisch, und er bietet mir eine ganz feine Papiross an, befiehlt, daß man uns zwei Gläser Tee bringen soll, ihm ein Glas und mir ein Glas, und er fragt mich:
»Junger Mann, was habt Ihr mir Schönes zu erzählen?«
»Was soll ich«, sag ich, »sagen? Ich fahre heute weg«, sag ich, »das heißt, schon bald, und da wollt ich«, sag ich, »Euch um die paar Groschen bitten.«
»Was für Groschen?«
»Die paar Rubelchen«, sag ich.
»Was für Rubelchen?«
»Das Geld«, sag ich, »mein Geld.«
»Was für ein Geld?«
»Was heißt«, sag ich, »›was für ein Geld‹? Ihr wißt nicht, was ich meine? Ich meine«, sag ich, »das Geld,

das ich Euch gegeben habe, um es über Schabbes aufzubewahren.«
»Ihr habt mir«, sagt er, »Geld gegeben?« ...
Und bei dieser ganzen Geschichte macht er so ein Gesicht, als ob ich ihm gesagt hätte, zum Beispiel, daß seine Nase nicht seine, sondern meine Nase sei ...
Ihr könnt verstehen, wie mir bei der ganzen Geschichte geworden ist: Was wird da alles noch werden? Chabne ist doch eine Stadt, Gott behüte sie, von keinen Mördern und von keinen Räubern.
Doch dann hab ich mir überlegt: Vielleicht treibt er einen Spaß mit mir? Da hab ich angefangen zu lachen: »Ha-ha, Ihr seid ein rechter Witzbold, Ihr kennt Euer Fach!«
Er aber macht zu mir ernst: »Was für ein Fach?«
»Ihr treibt«, sag ich, »mit mir Spaß?«
Da macht er zu mir, schon zu ernst: »Junger Mann, ich bin nicht Euresgleichen und treibe keinen Spaß! Sagt, was wollt Ihr?« ...
Da hab ich schon gefühlt, daß das Gesicht mir zittert, die Augen zwinkern, die Beinchen fangen an zu schwanken, bald fall ich um. Nur, ich lasse mich nicht gehen. Ich nehme alles für einen Spaß und sag ihm: »Nu, Ihr habt Euch jetzt schon genug lustig gemacht, Ehrenwort, gebt mir mein Geld, und laßt mich fahren.«
Mein Wohlhabender von Chabne sitzt mir gegenüber und schaut mir direkt in die Augen, und ihr werdet sagen, er müßte doch wenigstens die Brauen bewegen, oder mit einem Auge zwinkern. Gar nichts, als ob ich etwas völlig Abwegiges gesagt hätte oder, Gott behüte, von Sinnen wäre.
»Junger Mann«, macht er zu mir ganz gelassen, »Ihr irrt Euch, Ihr seid hier nicht am rechten Ort.«
Da steigt es natürlich in mir auf, und ich rufe zu ihm: »Wenn Ihr keinen Spaß treibt, dann verstehe ich nicht, was das für ein Spiel ist? Ich hab Euch«, sag ich, »Geld

zur Aufbewahrung gegeben, ohne bösen Blick, so eine Summe Geld, nicht meines, es ist fremdes Geld.« …
Ich spüre, wie die Zunge schwer wird, wie es im Halse stockt, in den Lungen pfeift, es geht mit mir abwärts, wie man sagt, eine Minute vor der Ohnmacht.
»Ich weiß nicht«, macht er zu mir, »was Ihr redet.«
»Habt Ihr«, sag ich, »von mir kein Geld nicht genommen?«
»*Ich*«, sagt er, »von *Euch*? Habt Ihr«, sagt er, »etwas auf Papier vorzuweisen?« …
Da ist mir schlecht geworden. Jetzt versteh ich, warum er keine Quittungen unterschreibt.
»Moment«, sag ich, »und die Zeugen, die dabeigewesen sind?«
Macht er zu mir: »Zeugen? Was für Zeugen?«
»Waren nicht«, sag ich, »Reb Lejser und Reb Josi dabei?«
»Was für ein Lejser und was für ein Josi?«
»Moment«, sag ich, »Gott sei mit Euch«, sag ich, »ich geh auf einen Sprung und bringe sie her!«
»Springt«, macht er zu mir, »wohin Ihr wollt, aber laßt mich in Ruhe! Ihr seid mir«, sagt er, »nicht ganz bei Trost, junger Mann!« …
Und als ich also zu meinen Zeugen laufe, kommt mir bei der Geschichte ein Gedanke: Vielleicht bin ich wirklich nicht bei Trost? Vielleicht ist das gar ein Wahn? Ein Traum? Vielleicht bin ich gar nicht in Chabne? Ich laufe, und die Gedanken laufen, der Kopf zerspringt mir fast. Der böse Geist hat mich auf Schabbes nach Chabne getragen! Weh und ach, was soll ich tun, ein Jammer, mir ist schwarz vor Augen! …
Hin und her, ich komme zu Reb Lejser, ich komme zu Reb Josi, erzähl ihnen von dem Unglück, was mir geschehen ist: »Kommt«, sag ich, »Juden, Söhne der Barmherzigkeit, kommt schnell, habt Mitleid, es ist eine Summe Geld«, sag ich, »fremdes, nicht meins, rettet mich!« …

Und wir laufen alle drei zum Wohlhabenden von Chabne; kommt er uns mit einem eigenartigen Lächeln entgegen und richtet sich an meine schönen Juden mit den Worten:

»Was sagt ihr zu dem Menschenschlag? Der junge Mann hat sich schon Lunge und Leber auf die Nase geschwatzt; er sagt, er habe mir Geld gegeben, eine große Summe, um sie aufzubewahren, und er weist auf euch, und behauptet, ihr seid dabeigewesen. Was sagt ihr auf so einen Anwurf?« …

Meine beiden Zeugen, die schönen Juden mit den schönen Bärten, stehen und gucken den Wohlhabenden an, dann mich und dann einer den andern.

»Was schweigt ihr?« macht zu ihnen der Wohlhabende, »habt ihr schon so eine Verleumdung gehört?«

»Gott, gesegnet sei er, behüte und rette!« machen meine beiden Zeugen, die schönen Juden mit den schönen Bärten, und gucken sich an.

»Er sagt«, macht weiter der Wohlhabende zu ihnen, »daß es wer weiß was für eine Summe Geld gewesen sei, 689 000, und daß ihr es selbst gesehen hättet, wie er sie mir übergeben habe, ich solle es bei mir behalten über Schabbes. Wie gefällt euch das? Ich befürchte, daß der junge Mann, Gott behüte, nicht ganz bei Trost ist!« …

»Nicht anders kann es sein … als daß er, Gott behüte, nicht ganz bei Trost ist«, rufen die beiden Zeugen, gukken auf den Wohlhabenden, dann einer auf den anderen und streichen sich die schönen Bärte. Ich will etwas sagen, schreien – doch ich kann es nicht. Die Zunge klebt mir am Gaumen, etwas hat sich im Hals quer gestellt, wie ein Knochen, vor den Augen ist mir finster geworden … Still haben sich meine beiden schönen Juden, Reb Lejser und Reb Josi, aus der Stub verdrückt, und noch dem Wohlhabenden und einer dem anderen einen eigenartigen Blick zugeworfen. Ihre Gesichter

waren blaß wie der Mond, nur schien mir, daß ihre Augen geleuchtet haben wie bei Menschen, denen Gott, gesegnet sei er, schon anfangs der Woche kein schlechtes Geschäft geschickt hat … – – –
Hört ihr? Gott weiß, was aus mir geworden wäre, wenn der Chabner Wohlhabende nicht auf mich zugegangen wäre, mir nicht die Hand auf die Schulter gelegt, den Schrank geöffnet und zu mir gesagt hätte: »Junger Mann, verzehrt nicht Euer Herz. Da habt Ihr Euer Geld. Ich wollte Euch nur zeigen, *was* Chabne ist und *wer* seine schönen Juden sind.« …
Seit damals fahr ich nicht mehr nach Chabne, und wenn ich nach Chabne fahre, führ ich kein Geld mit mir, und wenn ich Geld mit mir führe, halt ich den Schabbes nicht, und wenn ich den Schabbes halte … weiß ich jetzt wohl, was ich zu tun habe …

Und als der rothaarige junge Mann mit den weißen Brauen seine Geschichte zu Ende erzählt hatte, ist er mit seiner Bank etwas zur Seite gerückt und hat angefangen, jedem einzelnen in die Augen zu schauen, um zu sehen, welchen Eindruck seine Geschichte auf uns gemacht hat. Wir alle sind wie versteinert geblieben. Unser Schwatz war zerrissen, abgehackt, wie mit einem Hackbeil. Nur einer von uns (ich weiß nicht mehr wer; ich denke, ich war's) hat sich eingemischt und den rothaarigen jungen Mann mit den weißen Brauen gefragt:
»Und weswegen habt Ihr uns diese Geschichte erzählt?«
»Weswegen?« machte er ganz verwundert. »Was heißt weswegen? Wegen gar nichts. Es ist einfach so eine Geschichte, ins Blaue hinein. Ich habe mich gerade jetzt daran erinnert, da habe ich sie euch erzählt.«

Agenten

Ein Spaß in einem Akt

Geschrieben im Jahr 1905

Personen:

MENACHEM-MENDEL JAKNEHAS*:
Ein junger Mann, ein Kleinstädter, in einem neuen Nadelstreifenanzug, mit einem neuen Hut, der nicht gut auf dem Kopf sitzt, und mit einem Kragen, der ihm die Augen aus der Stirn quetscht. Auf den Knien hält er eine ganz große Mappe, auch neu.

MARK MOJSEJEWITSCH LAMPERNSCHISSER:
Ein junger Dandy, auch mit einer großen Mappe.

AKIM ISAAKOWITSCH BACKFISCH:
Ißt gerne, kommt auch mit einer neuen Mappe.

LASAR KONSTANTINOWITSCH TURTELTOJB:
Eine Person mit großem Bart und einer großen Familie; ein Weib mit etlichen Kindern, eins kleiner als das andere.

VERSCHIEDENE PERSONEN, STATISTEN.

Die Geschichte spielt unterwegs, in einem Wagen dritter Klasse.

Im Wagen. Einige Personen sitzen, einige liegen ausgestreckt, einige stehen. Auf den obersten Pritschen Bündel und Koffer. Im Vordergrund allein auf einer Bank am Fenster sitzt Menachem-Mendel, betrachtet seinen neuen Anzug und spricht zu sich selbst.

* Jaknehas ist ein Wort, das aus Anfangssilben von Gebeten zusammengesetzt ist und mit dessen Hilfe man sich die richtige Reihenfolge dieser Gebete im Gottesdienst merken kann.

Erste Szene

MENACHEM-MENDEL: Angezogen bin ich ein bißchen wie ein Bräutigam. Herausgeputzt wie eine Maid. Der Nachteil ist nur, daß die Hosen ein bißchen zu eng sind, und der Kragen … oj weh, der Kragen! Der erwürgt mich noch! … Ich fahre. Weiß ich, wohin ich fahre? ›Ihr werdet‹, sagen sie, ›ein guter Agent sein. Schon Euer Name‹, sagen sie, ›ist genug! Nur dieses Wörtchen aussprechen: Menachem-Mendel Jaknehas, und man kennt ihn, sagen sie, wie ein geschältes Ei, ringsum: in Jehupez, in Bojberik, in Masepovke, und wo schon nicht? Fahrt‹, sagen sie, ›inmitten Euer Jiddelech und seid erfolgreich! Exekutiert‹, sagen sie. ›Menschen gegen den Tod.‹ … Menschen gegen den Tod exekutieren? Wie soll man einen Menschen nehmen und ihn gegen den Tod exekutieren? Soll ich ein so böses Ende nehmen? Wenigstens haben sie mich gut zwei Tage die Agenten-Gesetze gelehrt. Und eine Avance haben sie mir auch gegeben, und das ist doch die Hauptsache: Alle Agenten nehmen doch Avancen. ›Wenn es keine Avancen gäbe‹, sagen sie, ›gäbe es auch keine Agenten.‹ Außerdem haben sie mir eine Mappe vollgepackt mit Konstitutionen, ich meine Instruktionen, was ein Agent so tun soll, wenn er einen gegen den Tod exekutiert. Man muß sich genau an diese Konstitution halten, ich meine Instruktionen …
Er öffnet seine Mappe und zieht ein Briefchen hervor.
Man soll an den Erlöser denken – ein Briefchen von Schejne-Schejndel! Wie sagt doch meine Schwiegermutter: ›Wenn man eine Schere sucht, findet man einen Besen.‹ … Man muß doch noch einmal lesen, was da meine Frau geschrieben hat, viele Tage sollen ihr beschert sein … Es ist sowieso langweilig hier im Wagen, nichts zu tun.

Er liest das Briefchen.

›Meinem verehrten, teuren, edlen und weisen Mann, kurz: Edler Herr Menachem Mendel, sein Licht möge leuchten. Erstens möchte ich Dir vermelden, daß wir alle, Gott sei's gedankt, in bester Gesundheit sind. Gebe Gott, das nämliche auch von Dir hören zu dürfen, auf jeden Fall nichts Ärgeres ...‹ *(Unterbricht.)* Gedankt sei Gott, daß sie wenigstens gesund sind. *(Liest weiter.)* ›Zweitens, schreib ich Dir, Du mögest die Kraft haben, Du Übergetretener ...‹ *(Unterbricht.)* Schon! Sie fängt schon an mit ihren Segenssprüchen! ... *(Liest weiter.)* ›Du mögest die Kraft haben, Du Übergetretener, Dich in der Krankheit zu suhlen, in dem wüsten und finsteren Jehupez, verbrennen soll es mit Dir zusammen in einem Feuer, solange ich noch die Kraft habe, mit dem Fuß aufzustampfen, obwohl mir der liebe Doktor geraten hat zu liegen – Liegen soll er auf dem Friedhof, mit Dir als Nachbarn, wie meine Mamme sagt ...‹ *(Unterbricht.)* Aha! Die Mamme sagt! ... *(Liest weiter.)* ›Wie die Mamme sagt, auf daß es Euch in den langen Winternächten behaglicher sein solle ... So ein Schlag: Gott hat ihm also einen neuen Erwerb geschickt, meinem Brotgeber! Er wird Menschen zum Tod exekutieren! Was soll das heißen, Mendel, Du exekutierst Menschen zum Tod! Wofür? ...‹ *(Unterbricht.)* Sie versteht kein bißchen von dem, was man ihr schreibt. *(Liest weiter.)* ›Du bist einfach meschugge: So verrückt-meschugge wie alle Juden und Gojim zusammen, wie die Mamme sagt ...‹ *(Unterbricht.)* Kommt sie schon wieder mit der Mamme! *(Liest weiter.)* ›... wie die Mamme sagt: kaum läßt man die Zügel fahren, nimmt das Pferdchen mit wehendem Schweif Reißaus. Nicht genug, daß Du schon allen Götzen gedient hast: ein Händler – ein Tändler, ein Makler – ein Schmakler, ein Geher – ein Verdreher, ein Heiratsvermittler – ein Schwätzer. Hat schon die ganze Welt mit Dir gehandelt, und da gehst Du noch hin und handelst mit lebendigen Toten! Wie sagt doch die Mamme, lang soll sie leben: ›Wart, wart, er wird sich Dir bald vorstellen als einer, der auch in Polen Handel treibt!‹ Es wäre ja noch tausendmal besser, wenn Du jetzt zum Beispiel im Krieg wärst in Japan …‹ *(Unterbricht.)* Na, versteht sich! So weit kommt es noch! *(Liest weiter.)* ›Und wenn Du so heimgefahren kämst, Gott behüte, wie unser Abrahams Mojsche-Wellwell gekommen ist, weh mir, ohne Händ und ohne Füß und ohne Leib und ohne Leben, wie die Mamme sagt: ›Weiß denn die Kugel, wen sie trifft?‹ … Denk doch daran, Mendel, dieses Mal sag ich Dir's noch im Guten: Verderben, Brand und Pest soll über Dich kommen …‹

Herein kommt LAMPERNSCHISSER *mit einem großen Koffer, sucht sich einen Sitzplatz.*

Zweite Szene

LAMPERNSCHISSER: Moschno k wam?*

MENACHEM-MENDEL *(verstaut das Briefchen in der Mappe)*: Dlja tschewo njet?** *(Zu sich.)* Eine feine Person mit einem schönen Koffer … Vielleicht läßt er sich gegen den Tod exekutieren?

LAMPERNSCHISSER *(verstaut den Koffer und setzt sich zu Menachem-Mendel. Er zieht eine Papiross hervor)*: Njet li u was agnja?*** *(Zu sich.)* Man muß den Boden vorsondieren, hier im Waggon …

* Darf man (sich) zu Ihnen (setzen)?

** Für was nicht? (Menachem-Mendel spricht offensichtlich nur schlecht Russisch.)

*** Hätten Sie nicht vielleicht Feuer?

MENACHEM-MENDEL: Ach! Dlja tschewo njet? *(Er reicht ihm ein Streichholz. Zu sich.)* Das ist sehr gut, wenn er zuerst anfängt.

LAMPERNSCHISSER *(bietet ihm auch eine Papiross an)*: Nje ugodno li?* *(Zu sich.)* Ein geeignetes Subjekt ... Ein Provinzler mit einem neuen Anzug ... Vielleicht kann man mit ihm ein Geschäft machen? Wenigstens ein kleines Assekuratiönchen, um die Kosten herauszuschlagen ...

MENACHEM-MENDEL *(nimmt die Papiross)*: Ach! Dlja tschewo njet? *(Raucht, spricht zu sich.)* Scheint ein sehr freundlicher Mensch zu sein. Er wird sich, so Gott will, sicher gegen den Tod exekutieren lassen.

LAMPERNSCHISSER *(zu sich)*: Mit so einem Kerl kann man jiddisch reden. *(Beginnt jiddisch zu sprechen.)* Ein Genuß, mit der Bahn zu fahren ... Nicht wie früher! Als man noch mit dem Fuhrwerk, Ihr versteht doch, sich dahinschleppte und schleppte.

MENACHEM-MENDEL *(redet ihm nach)*: Schleppte und schleppte und schleppte.

LAMPERNSCHISSER: Man war dem Fuhrmann ausgeliefert, wie der Lehm der Hand des Töpfers.

MENACHEM-MENDEL: ... der Lehm der Hand des Töpfers.

LAMPERNSCHISSER: Der konnte ein ganzes Bündel von Gläubigen zusammenpacken.

MENACHEM-MENDEL: ... von Gläubigen zusammenpacken.

LAMPERNSCHISSER: Juden und Weiber und einen Mehlsack und einen Kantor und eine Ziege und einen Mönch ...

MENACHEM-MENDEL: ... und eine Ziege und einen Mönch ...

* Wäre es Ihnen genehm?

LAMPERNSCHISSER: Und wenn man bergauf fahren sollte, hat er die Personen geheißen, so gut zu sein und abzusteigen, bitte gnädigst …

MENACHEM-MENDEL: Bitte gnädigst.

LAMPERNSCHISSER: Und heute bin ich ein Herr, sitze, Ihr versteht doch, im Wagen und rauche eine Papiross, kein Vergleich!

MENACHEM-MENDEL: Kein Vergleich!

LAMPERNSCHISSER: Einen Vorteil nur hatte das frühere Fahren: man war sich seines Lebens sicher! Man hatte keine Angst, denken wir, Gott behüte, an ein Unglück, eine Katastrophe, ich meine, denken wir daran, wenn man umstürzt, Ihr versteht, und man fliegt, wie die Heuschrecken, kopfüber.

MENACHEM-MENDEL: … wie die Heuschrecken, kopfüber …

LAMPERNSCHISSER: Gut, wenn das Weib und die Kinder wenigstens mit einigen tausend Rubelchen für den Todesfall entschädigt werden. Es soll ihnen, Gott beschütze sie, wenigstens erspart bleiben, Ihr versteht, von Haus zu Haus zu gehen.

MENACHEM-MENDEL: … von Haus zu Haus. *(Zu sich.)* Er geht wie ein braves Pferd …

LAMPERNSCHISSER: *(zu sich)*: Er folgt mir wie ein Fohlen. *(Laut.)* So wie das Rad, versteht Ihr mich, sich die ganze Zeit dreht, so dreht es sich eben …

MENACHEM-MENDEL: … dreht es sich eben.

LAMPERNSCHISSER: Und wenn es aufhört sich zu drehen, heißt es: Maschine halt!

MENACHEM-MENDEL: … Maschine halt!

LAMPERNSCHISSER *(zu sich)*: Er läßt sich führen. Man kann mit ihm gleich zum Stall gehen. *(Laut.)* Schlimm ist nur, daß nicht jeder mit Geld vorsorgen kann. Die heutigen Kosten, Ihr versteht, mit den heutigen äh – äh – äh

MENACHEM-MENDEL: Mit den heutigen äh – äh – äh

LAMPERNSCHISSER: Dann gibt es wenigstens, im schlimmsten Fall, ein Assekuratiönchen …

MENACHEM-MENDEL: Im schlimmsten Fall ein Exekutatiönchen … *(Zu sich.)* Das ist fast wie ein Geschenk des Himmels, Ehrenwort!

LAMPERNSCHISSER: Ich habe mich jetzt gerade daran erinnert, was bei uns für eine Geschichte passiert ist. Einer, ein ganz gewöhnlicher Mensch, der in seinem Leben keine tausend Rubelchen Vermögen hatte, Ihr versteht, dem noch nie ein ganzer Hunderter unter die Augen gekommen war, hatte aber die Weisheit, sich beizeiten für etliche tausend Rubel zu assekurieren. Jetzt ist er gestorben, als er, mögt Ihr von solchem verschont bleiben, mit der Bahn fuhr. Da hat man bei uns dem Weib fünftausend Rubel ausbezahlt, in bar bis auf die letzte Kopeke!

MENACHEM-MENDEL: In bar bis auf die letzte Kopeke! Punkt genau dasselbe wie bei uns. Bei uns hat sich auch so eine Geschichte zugetragen: nicht mit fünf-, aber mit zehntausend Rubelchen. Möge mir Gott in allen Dingen so beistehen.

LAMPERNSCHISSER: *(außer sich)*: Zehntausend Rubel?

MENACHEM-MENDEL: Zehntausend Rubel!

LAMPERNSCHISSER: Was haben denn die mit so einer Summe Geld gemacht?

MENACHEM-MENDEL: Was sollen sie machen? Sie haben einen Krämerladen eröffnet! Einen soliden Krämerladen.

LAMPERNSCHISSER: Ach so? Und? Verdienen sie etwas Geld?

MENACHEM-MENDEL: Und wie sie verdienen! Die sammeln das Geld!

LAMPERNSCHISSER *(zu sich)*: Jetzt ist der beste Moment. Jetzt muß man ihn am Kragen nehmen. *(Laut.)* Man könnte so einen Toten fast beneiden, wenn man an die Lebenden denkt, Ihr versteht … Jeder hat ein Weib und Kinder … *(Seufzt.)* Jeder sollte das tun …

MENACHEM-MENDEL *(seufzt)*: Genau! Ihr sagt es! *(Zu sich.)* Jetzt ist der beste Moment, ihn ans Trockene zu ziehen.

LAMPERNSCHISSER: *(seufzt)*: Wohl dem, der das beizeiten regelt.

MENACHEM-MENDEL: Wer klug ist, der packt rechtzeitig zu, der … Und es kommt gar nicht so teuer. Was kostet es denn?

LAMPERNSCHISSER: *(lebt auf)*: Es kommt auf die Jahre an. Ich denke, man kann das sogar hier abschließen.

MENACHEM-MENDEL *(lebt auf)*: Warum nicht?

LAMPERNSCHISSER: Einen Doktor kann man nachher kriegen, ein Zeugnis nachsenden, Ihr versteht …

MENACHEM-MENDEL: Das ist die letzte Sorge. Die Hauptsache ist die Summe.

LAMPERNSCHISSER *(greift zur Mappe)*: Nicht die Summe ist die Hauptsache, die Hauptsache sind die Jahre.

MENACHEM-MENDEL *(greift zur Mappe)*: Natürlich, die Jahre. Zum Beispiel, wie alt seid Ihr?

LAMPERNSCHISSER: Ich? Was geht es Euch an, wie alt ich bin?

MENACHEM-MENDEL: Was heißt, was geht das mich an? Ihr sagt doch, die Hauptsache seien die Jahre, sagt Ihr doch!

LAMPERNSCHISSER: Was heißt das? Ihr wollt *mich* assekurieren?

MENACHEM-MENDEL: Was denn? Ihr wollt *mich* exekutieren?

LAMPERNSCHISSER: Seid Ihr denn auch ein Agent?

MENACHEM-MENDEL: Und was für einer! Ein Sub-Agent!

LAMPERNSCHISSER *(steht auf, gibt ihm die Hand und stellt sich ganz höflich vor, nicht ohne Stolz)*: Mark Mojsejewitsch Lampernschisser, Kreis-Agent-Aquisiteur der Gesellschaft ›Equitable‹.

MENACHEM-MENDEL *(steht auf und stellt sich ganz elegant vor)*: Menachem-Mendel Jaknehas, Sub-Agent der Gesellschaft ›Anker‹.

BACKFISCH *kommt in den Waggon mit zwei Koffern und sucht sich einen Sitzplatz.*

Dritte Szene

BACKFISCH: Moschno?*

LAMPERNSCHISSER: Paschalsta!**

MENACHEM-MENDEL: Pischaleti!***

BACKFISCH *(setzt sich gegenüber, legt sich die Koffer zurecht. Einen Koffer öffnet er und nimmt Fläschchen und Döschen mit allerlei Eßbarem heraus, stellt den zweiten Koffer quer, wie ein Tischchen, und beginnt zu essen)*: Unterwegs, hört ihr, ist es gut, wenn man alles mit sich führt, weil man nicht an jeder Station das bekommt, was man braucht, und ich esse nicht alles, was man mir gibt. Ich passe auf meinen Magen auf. Das heißt, es ist bei mir, Gott sei's gedankt, kein kranker Magen, und er möge es auch nicht werden, doch ich habe Angst, ihn zu verderben. Der Magen, hört ihr, das ist ein Kessel. Wenn der Kessel, Gott behüte, aufhört zu kochen, kann man die ganze Maschine begraben. *(Er öffnet ein Fläschchen und nimmt einen*

* Sie erlauben?

** Bitteschön

*** Mendel spricht wieder fehlerhaft.

Schluck.) Lechajm, meine Herren, laßt uns gesund sein. *(Er nimmt noch einen Schluck und bietet dann Menachem-Mendel an.)* Versucht, seid so gut, dieses Tröpfchen. Mein eigener Likör aus Orangenschalen.

MENACHEM-MENDEL *(zu sich)*: Eine sehr freundliche Person. Vielleicht könnte man ihn gegen den Tod exekutieren? *(Laut.)* Ich danke! Gebt doch besser ihm. *(Weist auf Lampernschisser.)*

LAMPERNSCHISSER *(zu Menachem-Mendel)*: Trinkt, trinkt! *(Zu sich.)* Ein freundliches Subjekt. Man könnte ihn assekurieren, die Kosten herausschlagen …

BACKFISCH *(trinkt noch ein Gläschen und bietet Lampernschisser an)*: Versucht, ich bitte Euch, ein bißchen Likör und eßt etwas von diesen Sardellen dazu! Ausgezeichnete Sardellen. Heh? Was sagt ihr? Gute Sardellen? Frische? Ich mache mich nie ohne Sardellen auf den Weg. Wer weiß, was alles unterwegs passieren kann. Unterwegs muß man sich vor dem Essen hüten, weil, die Gesundheit, hört ihr, ist teurer als alles andere. *(Er öffnet ein Päckchen Wurst, ißt selber und gibt den andern davon.)* Wenn ihr schon von meinen Sardellen versucht habt, müßt ihr auch von meiner Wurst versuchen. Habt keine Angst, sie ist auch frisch, auch koscher. Ich, wenn ich Wurst kaufe, kaufe ich nicht irgendeine Wurst. Die Gesundheit, hört ihr, ist teurer als alles andere. Weil, wenn man sich an den eigenen Tod erinnert, ist man sich seines Lebens schon nicht mehr sicher, besonders, wenn man daheim ein Weib und zwei Kinder hat, zwei Augäpfel …

LAMPERNSCHISSER *(ißt)*: Nicht mehr als zwei?

MENACHEM-MENDEL: Zwei, ist das alles?

BACKFISCH *(kaut)*: Zu wenig? Und wenn man, Gott behüte, plötzlich stirbt?

LAMPERNSCHISSER *(ißt)*: Bei Eurer Konstitution?

MENACHEM-MENDEL *(ißt)*: Ohne bösen Blick, bei Eurem Aussehen?

BACKFISCH *(kaut)*: Schaut nicht darauf, wie ich aussehe ... Wenn ich mich nicht ans Essen halten würde, wäre ich schon ... e-he-he! *(Er öffnet noch ein Paket.)* Los, probiert noch, seid so gut, von dem geräucherten Fleisch! Es ist kalt, aber frisch. Ich, wenn ich Fleisch kaufe, kaufe ich nicht irgendein Fleisch. Warum nehmt ihr keine sauren Gurken? Es sind Zitrusfrüchte, keine Gurken! Mein Weib, gesund soll sie sein, wenn ich von zu Hause wegfahre, beginnt sie zu packen und packen und packen und packen und packen ... Nehmt, ich bitte euch, noch ein Gläschen Kirsch ... Es ist eigener Kirsch, mein Weib hat ihn gemacht.

LAMPERNSCHISSER *(trinkt)*: Ein treues Weib habt Ihr da.

MENACHEM-MENDEL *(trinkt)*: Ihr habt ein treues Weib.

BACKFISCH: Eine Seltenheit. So eine gibt es ein Mal im ganzen Gouvernement! Wem sagt ihr das?

LAMPERNSCHISSER: Das ist kein Weib, Ihr versteht, das ist etwas wie ein Schatz!

MENACHEM-MENDEL: Ein Schatz und kein Weib!

BACKFISCH: Ach, wem sagt ihr das? Wem sagt ihr das?

LAMPERNSCHISSER *(zu sich)*: Es geht genau richtig ... Ich denke, das geht seinen Gang ... *(Laut.)* So ein Weib muß man schätzen.

MENACHEM-MENDEL *(zu sich)*: Er führt ihn auf den rechten Weg ... *(Laut.)* So ein Weib muß man in Ehren halten, so ein Weib!

BACKFISCH *(schält eine Orange)*: Wem sagt ihr das! Wem sagt ihr das! Nehmt, ich bitte euch, eine Orange. Es ist eine gute Orange. Wenn ich Orangen kaufen gehe, kaufe ich nicht irgendwelche Orangen. Das hat auch sie mir eingepackt, mein Weib, meine ich ...

LAMPERNSCHISSER *(schält eine Orange)*: So ein Weib, wie Eueres, darf man nicht einfach so lassen, ohne jeden Schutz, Gott behüte, für den schlimmsten Fall, nehmen wir an, ein Unglück, Gott bewahre, Ihr versteht? Ich bin der Meinung, daß man ein Weib überhaupt bewahren sollte, von den Kindern gar nicht zu sprechen, und erst recht von Leuten, wie wir es sind, Reisende …

MENACHEM-MENDEL *(zu sich)*: Er macht das gar nicht schlecht, Ehrenwort! *(Laut.)* Wir sind wirklich eine Art Reisende, könnte man sagen!

BACKFISCH: Ich gehe da ganz mit euch einig, daß man ein Weib bewahren sollte, absichern wenigstens mit einem Kapital von zehntausend Rubelchen. Da gibt es nur ein Mittel.

LAMPERNSCHISSER *(lebt auf)*: Sich absichern?

MENACHEM-MENDEL *(lebt auf)*: Sich gegen den Tod exekutieren?

BACKFISCH: Wie habt ihr erraten, was ich meine? Ihr nehmt mir die Wörter aus dem Mund!

LAMPERNSCHISSER: Weisheit verpflichtet. Wie sonst können denn solche Leute wie wir, Ihr versteht, unsere Weiber bewahren?

MENACHEM-MENDEL: Eine einfache Weisheit!

BACKFISCH: Ihr habt vollkommen recht, weil man das stückchenweise bezahlen kann, und das nicht alle Welt kostet … Wer von euch beiden möchte das Geschäft machen?

LAMPERNSCHISSER *(greift nach seiner Mappe)*: Ich, natürlich. (*Er schaut von oben auf Menachem-Mendel herab.)*

MENACHEM-MENDEL (*greift nach seiner Mappe)*: Natürlich ich.

BACKFISCH: Heißt das, ihr wollt beide? In Ordnung. *(Er beugt sich zu seiner Mappe.)* Einen Doktor, glaube ich, brauchen wir nicht zu bemühen.

LAMPERNSCHISSER: Vom Doktor kann man das Zeugnis auch später zuschicken lassen. Die Hauptsache sind die Jahre.

MENACHEM-MENDEL: Ein Papier von einem Doktor kann man später zuschicken. Wie alt Ihr seid, das ist die Hauptsache.

BACKFISCH: Ich?

LAMPERNSCHISSER: Wer sonst?

MENACHEM-MENDEL: Wer denn sonst, ich vielleicht?

BACKFISCH: Was heißt das? Ihr wolltet doch, daß ich euch assek…

LAMPERNSCHISSER: Ihr uns? Wir haben gemeint: Euch!

MENACHEM-MENDEL: Wir haben Euch gemeint!

BACKFISCH: Ihr? Mich? Seid ihr denn Age… ?

LAMPERNSCHISSER: Versteht sich, Agenten! Nu, und Ihr?

MENACHEM-MENDEL: Agenten natürlich! Und Ihr, wer seid Ihr?

BACKFISCH *(steht auf, wischt die Essensreste weg, gibt ihnen die Hand)*: Ich habe die Ehre, mich vorzustellen: Akim Isaakowitsch Backfisch, Inspektor-Organisator der Gesellschaft ›New-York‹.

LAMPERNSCHISSER: Ach so! Einer unserer Brüder! Mark Mojsejewitsch Lampernschisser, Kreis-Agent-Aquisiteur der Gesellschaft ›Equitable‹. *(Er schaut von oben auf Menachem-Mendel herab.)*

MENACHEM-MENDEL: Ihr seid also, heißt das, einer von unseren Leuten?! *(Elegant.)* Menachem-Mendel Jaknehas, Sub-Agent der Gesellschaft ›Anker‹ …

In den Waggon kommt TURTELTOJB *mit seinem Anhang, mit einem Haufen Koffer, Pakete, Bündel aus Tüchern, sucht einen Platz für sich und seine Familie.*

Vierte Szene

TURTELTOJB: Moschno k wam?
BACKFISCH: Paschalsta.
LAMPERNSCHISSER: Ss udawolstwjem.*
MENACHEM-MENDEL: Sspredawolstwim.**

Der neue Fahrgast, sein Weib und die Kinder fangen an, die Plätze einzunehmen und die Pakete zu verstauen. Es ist ein Tumult und ein Durcheinander. Der eine schreit: »Essen! Mamme! Essen!« Der andere will trinken. Die Mutter knackt Nüsse, legt die Stücklein dem kleinen Kind in den Mund, und noch ein kleineres Kind hält sie auf dem Schoß an der Brust. Die Älteren streiten sich um einen Fensterplatz, stoßen einander mit den Ellbogen. Der Vater beehrt ohne große Umstände einen mit einer Backpfeife, einen mit einem Knuff und einen mit einer Kopfnuß.

BACKFISCH *(zu sich)*: So ein Familienvater könnte sich doch assekurieren. *(Laut.)* Ist schwer, mit Kindern unterwegs zu sein?
LAMPERNSCHISSER *(zu sich)*: Ein geeignetes Subjekt, um mitsamt der Kinder assekuriert zu werden! ... *(Laut.)* Mit Kindern unterwegs zu sein ist sicher schwer?
MENACHEM-MENDEL *(zu sich)*: Vielleicht ließe sich diese Person gegen den Tod exekutieren, vielleicht? ... *(Laut.)* Ist sicher schwer, mit Kindern unterwegs?
TURTELTOJB: Schwer wie der Tod!
BACKFISCH: Es scheint, sie sind etwas zitterig?
LAMPERNSCHISSER: Verwöhnt Ihr sie?

* Mit Vergnügen.
** Menachem-Mendels Version des Vorhergehenden

MENACHEM-MENDEL: Ein bißchen verwöhnt, nicht?

TURTELTOJB *(gibt dem Ältesten einen Stoß, er solle vom Fenster weg)*: Die sind nicht so zitterig, sie sind mir nur sehr lieb …

BACKFISCH: Feine Kinder habt Ihr.

LAMPERNSCHISSER: Ohne bösen Blick, gut geratene, Ihr versteht …

MENACHEM-MENDEL: Gut geraten, ohne bösen Blick …

TURTELTOJB: Nicht schlecht. Sie lernen gut. Gut erzogen: das ist die Hauptsache. *(Ruft den Ältesten zu sich.)* Abrascha, komm her! Gib dem Onkel die Hand. Nu, Abrascha! *(Abrascha will die Hand nicht geben und bekommt vom Vater eine Backpfeife.)* Schaut euch den Pummel da an. *(Er weist auf den Zweiten.)* Ist das ein Kopf? Ein Genie, sag ich euch! Nur ein Schlingel! Oj, was für ein Schlingel! Wer sich mit ihm anlegt … da landet ihr im Schlamm. Und jenes vermauste Jüngelchen, seht ihr? Ein Schlaumeier! Der hört auf die Mamme wie auf den Kater. Nur vor mir hat man ein bißchen Respekt. Das heißt, man würde auch mir nicht gehorchen, doch ich habe die Peitsche, oj, und dann schlag ich zu! … Kinder, hört ihr, muß man lehren, das heißt erziehen. Erziehung: das ist die Hauptsache. Seht ihr das kleine Würmchen da, den die Mamme mit Nüssen füttert? Ein Pieps! Ist noch keine vier Jahre, und spricht schon mit vielen Wörtern, vielen Wörtern, wie ein Erwachsener. Davidke, komm her, Davidke! *(Das kleine Würmchen, das man Davidke ruft, will nicht runter von den Armen der Mamme und dreht nur den Kopf zum Vater.)* Sag mir, Davidke, wie heißt du? *(Davidke antwortet: »Tje-tje-tje!«)* Wie alt bist du, Davidke? *(Davidke antwortet: »Tje-tje-tje!«)* Davidke! Sag der Mamme, sie soll dir Pflaumenmus geben. *(Davidke dreht den Kopf zu der Mamme und sagt: »Tje-tje-tje!«)* Was sagt ihr jetzt? Etliche Wörter, etliche Wörter, wie ein Alter!

BACKFISCH *(gequält)*: Bei so vielen Kindern braucht man einiges.

LAMPERNSCHISSER: Man muß sich für sie, Ihr versteht, gut absichern.

MENACHEM-MENDEL: Gut absichern muß man sich.

TURTELTOJB: Und wie! Seht ihr die grauen Haare? *(Er weist auf den Bart.)* Noch keine fünfzehn Jahre seit der Hochzeit.

BACKFISCH *(wackelt mit dem Kopf)*: Aj – aj – aj!

LAMPERNSCHISSER: Ohne bösen Blick, so eine Bande.

MENACHEM-MENDEL: Eine ganze Bande, ohne bösen Blick.

TURTELTOJB: Unterhalt, Kleidung, Schuhe, Lernen, eine Erziehung geben! Erziehung: das ist die Hauptsache. Das heißt, ich möchte, Gott behüte, nicht klagen! Gott sei Dank habe ich eine schöne Stelle, erarbeite mir etliche tausend Rubelchen mit meinen zehn Fingern. *(Zeigt die Finger.)* Nur wenn ich mir meine Bande anschaue, ohne bösen Blick, und es kommt mir der Gedanke, nehmen wir an, Gott behüte, die Stunde möge nie kommen ... Ihr versteht? Die ganze Zeit rennt der Kopf, und die Hände arbeiten ... Ihr versteht?

BACKFISCH: Oh! Wir verstehen das sehr gut! Wir sind auch Familienväter. Wir wissen, wie das ist, wenn man Kinder großziehen muß.

LAMPERNSCHISSER: Für die Kinder vorzusorgen ist, Ihr versteht, eines der größten Dinge überhaupt.

MENACHEM-MENDEL: Überhaupt eines der größten Dinge, für Kinder vorzusorgen, vorsorgen!

TURTELTOJB: Ich habe das auch mit meinem Weib gründlich besprochen, in allen Einzelheiten. Und wie ich es auch drehe, ich komm immer wieder auf dasselbe: Was können denn Menschen, wie ich, ganz durchschnittliche, tun? Gibt es denn kein einziges Mittel, sie zu …

BACKFISCH *(fällt ihm ins Wort)*: … assekurieren?

LAMPERNSCHISSER: Sich für den Todesfall assekurieren?

MENACHEM-MENDEL: Sich gegen den Tod exekutieren?

TURTELTOJB *(lebt auf)*: Ich sehe, daß ihr das alle sehr gut versteht, und daß ihr alle bereit seid, das Geschäft abzuschließen. Da kann ich euch nur einen schönen Dank sagen: Ihr tut eine gute Sache!

BACKFISCH *(sehr aufgeregt)*: Wir tun, was wir unseren Familien schuldig sind!

LAMPERNSCHISSER: Das, was uns das Gewissen diktiert, Ihr versteht.

MENACHEM-MENDEL: Wir tun, was gut und recht ist, das tun wir.

TURTELTOJB: Gott soll euch helfen in euren Wünschen, auf daß ihr lange Tage und Jahre leben sollt, Gott soll euch gnädig sein, so wie ihr mir und meinem Weib und meinen Kindern gnädig seid; sie sind doch, nebech, darauf angewiesen, ich bin ihr einziger Ernährer. *(Zieht die Mappe hervor.)* Wieviel rechnet ihr, wollt ihr machen? Zum Beispiel, auf welche Summe, meine ich?

BACKFISCH *(greift nach seiner Mappe)*: Wie sollen wir das wissen, was für eine Summe?

LAMPERNSCHISSER *(greift nach seiner Mappe)*: Wie können wir, Ihr versteht, Euch etwas vorschreiben?

MENACHEM-MENDEL *(greift nach seiner Mappe)*: Sollen wir Euch etwa etwas vorsagen, wir?

TURTELTOJB *(erstaunt)*: Was heißt, ihr mir? Ich will doch euch …

BACKFISCH *(außer sich)*: Ihr wollt mit uns das Spielchen machen?

LAMPERNSCHISSER: Ihr wollt uns für den Todesfall assekurieren?

MENACHEM-MENDEL: Exekutieren gegen den Tod wollt *Ihr? Uns?*

TURTELTOJB: Was denn sonst? *Ihr? Mich?* Seid ihr denn auch Agenten?

BACKFISCH: Ha – ha – ha! Versteht sich, Agenten! Nu, und Ihr?

LAMPERNSCHISSER: Agenten, versteht Ihr? Und wer seid Ihr?

MENACHEM-MENDEL: Und was für Agenten! Nu, und Ihr?

TURTELTOJB *(elegant)*: Lasar Konstantinowitsch Turteltojb, General-Inspektor und Agent-Organisator der Gesellschaft ›Urban‹.

BACKFISCH *(elegant)*: Akim Isaakowitsch Backfisch, Inspektor-Organisator der Gesellschaft ›New-York‹.

LAMPERNSCHISSER *(elegant)*: Mark Mojsejewitsch Lampernschisser, Kreis-Agent-Aquisiteur der Gesellschaft ›Equitable‹. *(Er schaut von oben auf Menachem-Mendel herab.)*

MENACHEM-MENDEL *(elegant)*: Und ich bin Menachem-Mendel Jaknehas, ich bin Sub-Agent der Gesellschaft ›Anker‹ …

Alle vier geben sich die Hände, tauschen die Visitenkarten aus. Nur Menachem-Mendel tastet alle Taschen ab.

MENACHEM-MENDEL: Oj weh! Ich habe noch keine Kärtchen nicht bei mir!

TURTELTOJB *(seufzt)*: Ein schweres Brot, ah?

BACKFISCH *(seufzt)*: Oj weh, so schwer wie die Spaltung des Roten Meeres! Man fährt, man riecht, man meint schon – und dann? …

LAMPERNSCHISSER *(schaut von oben herab auf Menachem-Mendel)*: Ihr versteht? Es ginge ja vielleicht gar nicht so schlecht, wenn es nicht so viele Agenten gäbe. Ihr versteht, die Konkurrenz …

MENACHEM-MENDEL: Was heißt da Konkurrenz-Konkuschmenz! Sagt es doch geradeheraus: Man liegt im Dreck und backt Bejgele*!

Vorhang

* eine Art Brezel